주저앉지
마세요

# 주저앉지 마세요

**초판 1쇄 발행** 2017년 9월 10일

**지 은 이** 김재원
**발 행 인** 권선복
**편　　집** 천훈민
**디 자 인** 서보미
**전 자 책** 천훈민
**캘라그라피** 임정수 교수
**발 행 처** 도서출판 행복에너지
**출판등록** 제315-2011-000035호
**주　　소** (07679) 서울특별시 강서구 화곡로 232
**전　　화** 0505-613-6133
**팩　　스** 0303-0799-1560
**홈페이지** www.happybook.or.kr
**이 메 일** ksbdata@daum.net

값 15,000원
ISBN 979-11-5602-520-7 (03190)

Copyright ⓒ 김재원, 2017

도서출판 행복에너지는 독자 여러분의 아이디어와 원고 투고를 기다립니다. 책으로 만들기를 원하는 콘텐츠가 있으신 분은 이메일이나 홈페이지를 통해 간단한 기획서와 기획의도, 연락처 등을 보내주십시오. 행복에너지의 문은 언제나 활짝 열려 있습니다.

이 책은 방일영문화재단의 지원을 받아 저술·출판 되었습니다.

김재원 지음

*Message from a Feminist*

이 시대를 살아가는
모든 이들을 위한 한마디

도서
출판 행복에너지

# 주저앉고 싶어 하는 모든 분들에게

인생은 둘 중에 하나다. 바로 서기, 아니면 주저앉기.

세상에 주저앉고 싶지 않은 사람이 얼마나 될까? 주저앉고 싶은 사람이 많을 때, 세상은 뒤숭숭하고, 역사는 침체되고, 골목골목엔 술집들이 늘어간다.

이 책은 삶의 파도타기, 삶의 암벽타기에서 지친 사람들, 당장 주저앉고 싶은 사람들에게 보내는 위로, 또는 격려사로 쓰여졌다. 또는 주저앉지 말라는 선동煽動이라 보아도 된다. 어느 날 문득 주변을 살펴보니, 주저앉고 싶을 만큼 힘들어 하는 사람들이, 그렇지 않은 사람보다 많다는 사실에 눈을 떴다면, 그들에게 한마디 위로와 격려를 보내야 하는 것이 당연하다.

혼자서는 가눌 수 없는 세파, 운명, 실패에 시달리는 사람들을 위해서 무엇이라도 해야 하지 않느냐는 사유惟가 눈을 떴을 때, 그리고 그 시달리는 사람들 속에 섞여 있는 자신을 발견한다는 것은 참으로 통쾌한 깨달음이기도 하다.

누구에게 물어도 "나는 수없이 주저앉고 싶었다"고 말한다. 필자도 마찬가지다. 어쩌면 주저앉고 싶은 날이 더 많은 인생을 여기까지 살아온 셈이다. 주저앉지 않고 겨우 버티는 사람이라 해서, 죽지 못해 사는 사람이라고 몰아 부칠 필요는 없지만, 나하고는 무관한 일이라고 돌아서 버린다는 것은 싸가지나 할 일이다.

이 책은 3부로 나뉘어져 있다.

1부는 80년대, 직장인들 가슴에 성공의 불길을 집히던 월간 '직장인'을 창간하면서부터 계속 직장인들에게 하고 싶은 얘기의 연속이다. 또는 TBC전 동양방송 라디오가 군사정권에 의해 문을 닫는 날까지 집필했던 매일 뮤지컬드라마 '유쾌한 샐러리맨'의 속편이다.

20대 신용불량자가 전체 20대의 20%다, 25%다 할 때부터 쓰려고 마음먹은 책이다. 멀쩡한 젊은 직장인이 3포 세대, 5포 세대라는 이름으로 늘어난다는 뉴스를 접할 적마다 쓰고 싶은 책이었고, 전 세계 자살률 1위의 나라가 대한민국이고, 그 자살자의 1/6이, 갚을 것을 제대로 못 갚은 채무자라는 소리를 들을 때도 쓰고 싶은 책이었다.

2부는 건강으로 인해 한이 맺힌 사람들에게, 그래도 주저앉지 말 아달라는 아픈 얘기들이다. 문명은, 인간을 능가하는 AI 등 예측할 수 없을 정도로 진화하는데, 문명으로도 어쩌지 못하는 인간의 건강 문제는 완전 해결의 길이 멀기만 하다. 병명病名은 늘어만 간다. 주위 에서 암 같은 불치병에 시달리느라 주저앉고 싶은 사람들, 그리고 그 가족들을 대할 때마다 쓰고 싶은 책이었다. 이 책의 마지막 원고 를 출판사에 보내던 날, 위장암으로 세상을 등진 친구의 부고를 받 고는 필자 자신이 주저앉고도 싶었다. 또 암에 유방을 잃은 여성들 에게는, 내가 그들의 가슴이 되겠다는 약속을 쓰고 싶었다.

3부는 이 나라 여성들에게 보내는 추임새다. 우리나라 여성 전체 가 주저앉고 싶은 인생을 살던 지나간 시대부터, 지금까지 보내고 싶었던 얘기들이다. 거의 모든 여성들이 주저앉고 싶은 시대를 살아 온 것이 이 나라의 역사다.

1970년대……. 월간 여성지 '여원'의 발행인이 되자마자 '현모양 처'라는 용어 자체를 지면에서 아예 없애 버렸다. '인권'이라는 단어 를 입에도 못 올리던 시대의 여성들은, '아내의 인권'은 커녕 현모 양처라는 족쇄에 묶여 매일 단위, 매시간 단위로 위로를 해도, 그냥 주저앉고만 싶었으리라. 그 시대의 아내들은 물론이고, 지금 시대의 아내들에게도, 주저앉지 말라고 쓰고 싶은 책이었다.

주저앉고 싶은 사람들에겐 다 그 나름대로의 이유가 있다. 동시에 그대로 주저앉을 수 없는 이유도 있다. 가능하면 주저앉을 수 없는 이유에 매달려야 하겠다는 생각이, 이 책에 가득히 담겨 있다.

이 책은 방일영문화재단의 후원에 의해 만들어졌다. 방일영문화재단의 언론인 출판 지원을 비롯한 선의의 문화 활동에 대해, 이 자리를 빌려 진심으로 감사드린다.

주저앉을지 모르는 남편과 사느라고, 시인이면서 오랫동안 시심詩心도 잊었던 아내 이정숙은 추임새꾼이 돼버렸다. 자신들의 분야에서 정진하고 있는 장남 진세고려제일정신과 병원 원장, 딸 희진경희궁 한의원 원장, 막내 윤세㈜fininternatonal 대표이사 역시 그렇고, 두 며느리 조용주와 유선영, 사위 김종구㈜하이드로코어 이사도 역시 그렇다. 그리고 구김 없이 크고 있는 손자 손녀들……. 그들의 존재 자체가 내게는 추임새였다.

그리고 내가 살면서 만난 많은 분들이 주저앉지 말라고 한결같이 보내주신 격려와 눈짓은 이 책을 쓰는 데 크게 보탬이 됐다. 그 고마운 분들의 이름은 여기서 다 외울 수도 없다.

이 책에 추천사를 써주신, 예술의 전당 고학찬 사장님, 박승주 전 여성가족부차관님, 이상우 한국추리작가협회 이사장님, 한국언론인학회 성대석 회장님, 그리고 출판을 맡아 주신 행복에너지의, 곧 터질 것 같은, 움직이는 열정의 활화산 권선복 사장님과, 편집부의 동료들에게도 감사드린다.

2017. 초가을 문턱에서

지은이 김재원

# 젊은 직장인에 대한 뜨거운 애정과 삶의 지혜

| **고학찬**
예술의 전당 사장

김재원 씨와의 인연은 70년대 동양방송 때부터다. 나는 동양라디오 PD로 '유쾌한 샐러리맨'이란 뮤지컬 드라마 연출자, 김재원 씨는 작가였다. '유쾌한 샐러리맨'은 내가 미국으로 떠난 80년 이후에도 주말이나 공휴일이나 연말연시에도 방송되는 특급 인기프로가 됐다고 한다.

'유쾌한 샐러리맨'이 동양방송과 함께 없어지고 나서, 아쉬워하고 고민하던 김재원 씨는 월간 '직장인' 창간에 나섰다. 그리고 보니 우리나라에서 샐러리맨에 관한 공부를 제일 많이 한 사람이 김재원 씨가 아니었나 하는 생각까지 든다.

그는 '여원'을 인수하고 몇 년 후 '직장인'이라는 잡지를 냈다. '유쾌한 샐러리맨' 시대의 젊은 직장인에 대한 애정, 그리고 직장인들의 성공철학을 잡지로 만든 것이었다.

당시 '직장인'의 발간 목표가, '개인의 행복, 기업의 발전, 국가의 번영을 삼위일체로'였는데, 그 발간 목표 덕분에, 잡지 발간을 허가하지 않던 시대에, 문공부로부터 창간 허가를 받았다는 것이다.

그는 지금도 칼럼과 강의를 통해 여전히 우리나라 샐러리맨에 대한 뜨거운 애정을, 그리고 직장생활의 지혜를 전수하고 있다.

# 평생을 페미니스트로 살아온, 시대의 선구자

**| 박승주**
전 여성가족부 차관

내가 김재원 회장을 처음 만난 것이 2010년이던가. (사)한국미래사회여성연합회 주최의 강의에 참석했다가 김 회장을 만났는데, 그는 시대적으로 앞서 있었고 여성을 위해 살아온 사람답게 아예 여성문제가 골수에 맺혀 있는 듯한 느낌을 받았다.

특히 여성임원할당제 부분에서 그는 열변을 토했다. 2003년 노르웨이가 시작한 여성임원할당제가 이미 유럽 선진국에서 채택되고 전 세계가 여성친화적으로 돌아가는데, 한국의 대기업 여성임원 비율은 당시 1%도 안 된다며 김 회장은 열을 올렸다.

70년대부터 '아내를 사랑하라'고 외친 우리나라 페미니즘의 선구자요, 평생을 페미니스트로 살아온 사람이라 역시 달랐다. 김 회장은 진짜 페미니스트라 우리나라 여성문제를 해결할 수 있는 몇 안 되는 지도자임에 틀림없다고 생각한다. 만나 뵐 적마다 저출산 문제, 젊은 세대의 결혼 문제, 인구 문제를 논할 때 그는 거의 청년의 열정과 감각을 소유한 청년이었다.

금년 4월에 김 회장과 함께 한국페미니스트협회를 발족했다. 앞으로 페미니스트협회 회장으로서의 그의 활약에 크게 기대를 걸고 있다.

# 여성보다 여성을 더 아끼는 性평등의 선구자

| 성대석
사단법인 한국언론인협회 회장

컬러 방송이 시작된 1981년 2월1일 김재원 회장은 KBS-TV '8시에 만납시다.' MC였고, 필자는 'KBS-TV 9시 뉴스'의 앵커였다. 김재원 회장과는 TBC 시절 동료이기도 했다.

어느 날 '9시 뉴스' 시작 직전, '8시에 만납시다.'의 클로징 멘트가 문득 눈과 귀에 들어왔다.

"이 방송을 보시는 남편 여러분, 혹시 최근 1년 사이에 부인에게 손찌검 하신 분이 계시거든 오늘 주무시기 전에 사과하세요. 안 그러시면 따님이 결혼해서 열 배 백 배 맞습니다. 안녕히 주무십쇼." 꾸벅!

"뭐 저런 멘트를 하는 MC도 있어?" 하는 소리도 들렸지만, 감각이 새롭고 여성들이 좋아할 것은 틀림없었다. 김재원 회장은 그 후에도 끊임없이 '아내 사랑'을 외쳐대는 바람에 '아내 사랑 대변인' 이란 별명도 얻었다.

'남편들에게 설거지하라', '밥도 하라'는 소리는 그 당시로서는 매우 파격적이었다. 요즘은 남자들이 부엌에 많이 들어가고 요리도 잘 하지만……. 김재원 회장은 그러니까 여성보다 여성을 더 아끼는 그야말로 性평등의 선구자였다.

# 김재원 사장, 사후에 여성장으로 모셔야?

| 이상우
한국추리작가협회이사장, 전 서울신문발행인

김재원 사장은 대한민국 국민 가운데 페미니즘이나 페미니스트라는 단어를 아는 사람이 1만 명도 안 될 때 이미 페미니스트였다. 그는 여원사 사장이 된 지 4년 만인 82년에 서초동 고속도로 바로 옆에 준공한 신사옥 상단에 '아내를 사랑하라'는 일곱 자를 게시했다.

아내를 사랑하라, 는 페미니즘 선언은 그 시대에 큰 충격이었다. 아무도 그런 생각을 하지도 않았고, 그런 얘기를 하면 바보 취급을 받기도 하는 시대였다. 김재원 사장은 그 당시, 만나는 남자마다 붙들고 '아내를 사랑하라'고 권한 것도 유명한 일화다. 그 당시 그는 월간 여성지 '여원' 지면에 '현모양처' 소리를 절대로 쓰지 못하게 했다고 한다. 그러면서 잡지 페이지 구석구석마다 여성들을 위한 내용을 담기에 바빴다. 여성운동의 원로급인 어느 여류명사가 그 당시 "김재원 사장 죽은 다음에 여성장 지내주어야 한다"고 했다던가, 실제로 여성장 지내줄 만큼 여성을 위해 일을 많이 했다. 사실 그 나이 또래 남성 가운데 그만큼 남녀평등의 완성을 위해 헌신한 사람도 없다고 본다. 김재원은 지금도 지인들에게 카톡으로 '아내를 사랑하라'는 메시지를 보낸다. 그는 꿈에서도 아내를 사랑하라고 외칠 사람이다. 여성장 지내 주어도 될 사람 같다.

# '여성이 행복한 나라가 선진국'이라 외치는 남자

**| 정경수**
21세기 방송포럼 회장

김재원 회장이 TV에 MC로 데뷔(?)한 것은 1981년 컬러 TV의 시작과 동시라고 기억된다. 새로운 얼굴의 등장이라 그러려니 했는데, 입담도 좋았고 방송 진행 솜씨도 능숙해 보였다. 특히 여성들에게 인기가 있었고 금방 스타덤(?)에 올랐다.

그리고 세월이 흘러 핸드폰 시대가 시작된 후, 지인들이 김 회장으로부터 "아내를 사랑하라!" 또는 "부인을 사랑하십시오!!" 같은 문자를 받았다며 웃기도 했다. 나도 "사모님을 많이 사랑해 드리십시오."라는 문자를 받은 기억이 난다.

'여성의 삶에 불편함이 없는 나라가 진짜 선진국이다', '여성이 행복한 곳에서는 짓궂은 운명의 여신도 미소 짓는다.' 등등 김재원 회장의 주장을 들으면, 이 사람은 자나 깨나 여성의 행복, 남녀평등만 연구하며 사는구나, 라고 생각할 지경이었다.

선구자란 남이 생각지 않은 것을 생각하고, 앞장서서 한 시대를 이끌어가는 사람이라고 생각한다. 김재원 회장은 그때나 지금이나 한결같다. 그가 앞장선 이 나라의 남녀평등이 기필코 성취되기를 기원한다.

# 이 나라 여성들이 오래오래 기억해야 할 남성

| **최금숙**
(사) 한국여성단체연합회 회장

　　우리나라 여성의 역사는 참으로 참담했다. '여성의 인권'이라는 용어 자체도 낯설기만 했던 과거 시대. 대학에서 법률을 전공하면서 여성의 인권이, 선진국에 비해 얼마나 열악했는지를 뼈저리게 실감하며 전율했던 것이 나의 젊은 시절이기도 했다.

　　그러던 70년대의 어느 날, "아내를 사랑하라"는 무슨 부르짖음 같은 외침에 이 나라 여성, 특히 결혼한 여성의 대부분이 소름 끼칠 만큼 놀라야 했다. 여성 월간지 '여원'이 그렇게 계속 외치고 있었다. 그렇게 외친 주인공이 바로 김재원 회장이었다. 김재원 회장과 본인은 오래도록 '여성의 지위향상'이라는 같은 길을 가고 있었다. 작년 국회의원 선거 당시는, '이 당 저 당 가리지 말고 여성후보 밀어주자'는 캠페인을 '여원뉴스'와 본인이 관계하는 (사)한국여성단체연합, (사)한국여성유권자연맹, (사)한국인터넷신문방송기자협회가 함께했다. '이 당 저 당 가리지 말고 여성후보 밀어주자'는 그 참신하고 기분 좋은 아이디어와 구호□號역시 김재원 회장 머리에서 나왔다.

　　김재원 회장은 이 나라 여성들이 참으로 오래도록 기억해야 할 남자가 아닌가 생각된다.

# 목차

# 1부. 주저앉지 마세요, 직장인

# 2부. 주저앉지 마세요, 건강

# 3부. 주저앉지 마세요, 愛테크 (아내를 사랑하라!)

1부

# 주저앉지 마세요,
# 직장인

# 주저앉지 마라, 괄약근이 직장인을 구제할 것이다

**"엄마야! 나 그만둘까?"**

직장은 우리를 술 마시게 한다. — 20세기 직장인들이 100년 동안 하던 소리다.

직장은 우리를 사표 쓰게 한다. — 21세기 직장인들이 100년 동안 할 소리다.

기가 막힌 소리다. 이력서 쓰고 면접 보고 들어간 직장이 사표 쓰고 싶게 만드는 곳이라니.

그러나 사실이다. 그럴 걸 뭣하러 들어갔냐는 소리도 안 나온다.

직장은 큰 직장이건, 사장하고 서너 명이 모여서 징 치고 막 올리고 온갖 일인다역 다 하는 중소기업이건, 밥맛 떨어지게 하는 곳이다.

이것도 기가 막힌 소리다. 밥값 버는 직장이 밥맛 떨어지게 하다니.

그러나 사실이다. 특히 3년 안팎의 중병아리들에게 직장은 진짜 사표 쓰고 싶게 하는 곳이고, 밥맛 떨어지게 하는 곳이다.

그럼 확 사표 쓰고 말아?

'참아라.'라고 했지만 참지 않고 사표 확 쓰고 나서 후회하는 직장인이 어디 한둘인가? 그러나 홧김에 쓴 사표는 대개 후회를 불러온다. 그냥 후회가 아니라, 아예 직장생활을 포기하고 말 것 같은 허탈감에, 이것저것 다 때려치우고 그냥 주저앉고 싶어진다.

그러나 주저앉지 마라.

사실 여기까지 오려고 밤샘 공부도 하고, 치열하다는 경쟁시험도 치지 않았던가? 확! 사표 쓰고 나가면 엄마가20대 직딩에겐 아직은 어머니가 없다. 아직도 엄마다 이 대량 실업시대에 얼마나 걱정하시겠나?

맞다.

정말 그만두고 싶더라도 엄마 생각에 참아야 한다.

사실 사표 확 쓰고 싶어도, 그만두고 싶어도 엄마 때문에 못 그만두겠다는 중병아리들을 1년에 10명 이상 만난다. 모두가 흙수저를 자처하는 젊음들이다.


## 괄약근 운동 하루 1천 번 이상

사장을 비롯해서 그 밑에 줄줄이 사탕사탕은 달기나 하지으로 포진해 있는 상사上司라는 아저씨들이 모두 사표이고, 모두 밥맛이다.

왕년 얘기만 나오면 폼 잡는 아저씨들과 같은 직장에 있다는 사실 자체가 밥맛 떨어지는데 아저씨들은 매일 목을 만진다. 잘리지 않나

하고 말이다. 정말 밥맛이다.

월급이라는 것도 마찬가지다. 아무리 아껴도 모자라는 것이 월급이다. 일도 재미가 없다. 이 짓 하려고 대학 나왔나? 술만 먹으면 그 소리다. 입사 1년에 배우는 것이 있다면 미흡감未洽感뿐. 이 짓 하려고 대학 나왔나 하는 미흡감. 미흡감이 오르가슴처럼 전신을 오그라트리거든, 그땐 뭘 해야 되지?

물었으니 대답한다. 그땐 뭐니 뭐니 해도 괄약근 운동이다!


## 엄마는 오늘도 콩나물국을 준비하셨다

괄약근 운동은 '항문 조이기'다. 이 운동은 단순한 똥배 없애기가 아니다. 한의사, 양의사를 막론하고 이 운동 말리는 의사는 없다.

장자莊子는 '참된 인간이 되기 위한 운동'이라고까지 했고, 잘하면 정력도 좋아지고 스트레스도 날린다. 게다가 돈은 안 드니, 죽여주는 운동 아닌가?

운동치고는 아주 개인적이고 프라이빗한 운동이다. 아무도 모르게 은밀히 할 수 있는 멋진 운동인데, 상대를 정해 놓고 웃으면서 하면 더욱 기분 째진다.

상사가 싫은 일 시킬 때직접 하지 그러서, 하고 싶을 때, 실수 좀 했다고 쫑코 줄 때, 결근이나 지각했다고 잔소리 할때 등등 온갖 싫은 일들이 나를 괴롭힐 때…….

그렇다.

괄약근 운동은 나를 구제한다. 괄약근 운동을 그 순간 시작하라. 상사의 얼굴을 마주보며 입가에 웃음을!! 항문가에 괄약근 운동을!! 갈약끈동의 1일 적정 횟수는 아무리 바빠도 1일 1천 번 이상이다.

항문 조이기의 21세기 이름인 '갈약끈동'을 하루 1천 번 할 수 있다면, 어지간히 힘든 고비는 웃으면서 넘길 수 있다.

주저앉으라고 그래도, 주저앉지 않게 하는 것…… 그것이 갈약끈동의 매력이다.

갈약끈동은 인생을 편하게 넘길 수 있는 21세기 직장인의 키워드다. 1천 번 하는 데 15분 이상 걸린다면 항문과 병원을 찾아가 상의하라. 10분이면 건강한 항문이다.

홧김에, 얼떨결에 사표를 쓰기는 썼다. 그날 밤 삐뚤어지도록 마셨다. 오늘은 출근 안 하고 실컷 자야지, 하는데 엄마 목소리가 들린다.

"너 그러다가 쫓겨나! 얼른 일어나서 세수하고 밥 먹어. 콩나물국 끓여놨어!"

삐뚤어지게 마시고 난 다음 날이면 엄마는 영락없이 콩나물국을 준비한다.

일어나라.

사표 쓰고 후회돼서, 그냥 주저앉고 싶을 때, 그땐 엄마 생각하는 게 최고다. 사표 내고 집 안에 주저앉고 싶은 마음 들더라도, 참아라, 직장생활이란 누구의 직장이건 다 그렇다.

그래도 여기 믿을 구석 있지 않나?

갈약끈동 말이다.

대한민국 직장인, 아니 전 세계 직장인에게 갈약끈동은 대단한 믿을 구석이다. 아니 차라리 '빽'이고 119 정도는 된다.

# '지담선생'이 재택근무를 찾아 나선 이유가 이유답다

## 우리는 핸드폰을 배신할 수 없다

돈은 꾸어 줄 수 있어도 시간은 꾸어 줄 수 없다는 친구가 있다. 어느 갑부집 아들인데 아버지의 철학을 물려받았다.

시간 안 지키는 여자 친구랑은 무조건 이별을 남발해서, 시간 때문에 헤어진 여자가 10여 명이나 된다. 시간 안 지키는 여자랑은 무조건 헤어지는 것도 그 아버지에게서 물려받은 DNA인지 아직 물어보지는 않았다.

시간은 남는다고 누구에게 빌려줄 수도 없고 선물할 수도 없다. 모자란다고 누구에게 꿀 수도 없다. 다음 달 시간을 미리 가불할 수도 없고 여유가 있다고 저축할 수도 없는 것이 시간이다.

젊음은 시간으로 따지면 아침이다. 그런데 아침시간마다 죽을 쑤는 젊은 직장인들은 시간 관리의 문제를 생각해야 한다.

시계를 여섯 개나 머리맡에 배치해 놓고 자는 젊은 직장인 하나가 있다. 아침마다 여섯 개의 시계가 3분 간격으로 운다. 그런데도 일어나지 못한다. 베개가 속삭이는 유혹을 거절 못 하는 것이 아침잠 좋아하는 친구들의 고민이다.

"더 자! 더 자라고! 잠이란 얼마나 달콤한 쾌락이냐?"

파우스트 박사를 유혹하는 메피스토펠레스의 음성으로 베개는 아침마다 옷 벗고 자는 직장인을 옷 못 입게, 못 일어나게 이불 속으로 유혹한다.

그 직장인을 겨우 깨우는 것은, 그의 아내가 아니다. 그는 아직 아내가 없다. 단잠을 깨우는 것이 아내라면, 그게 싫어서라도 결혼 안 하겠다는 그를 깨우는 일곱 번째 비장의 무기는 모닝콜을 장치해 놓은 핸드폰이다.

여자나 돈 없이는 살아도 핸드폰 없이는 못 사는 직장인이니, 핸드폰이 깨우는 소리에는 얼른 일어난다. 마치 일어나지 않으면 핸드폰을 배신한 것 같은 생각이 들어서다.

젊은 직장인이 여자를 배신할 수는 있어도 무슨 수로 핸드폰을 배신하랴?

재벌과 땀이라도 섞여야 하는 걸 모르는 건 아니다.

우리보다 먼저 성공한 사람들은 모두 새벽에 일어나 별을 본 사람들이라는 점을 절대로 잊지 말라.

어느 시대에나 직장인에게는 시간이 유일한 재산임도 잊지 말라.

시간 빼놓고 무슨 재산이 있나?

이 글을 읽는 직장인 가운데 재벌의 아들이나 딸은 제외한다. 또는 재벌과 피가 섞였거나 뼈가 섞인 사람도 빼고, 하다못해 재벌과 땀이 섞였거나, 아니면 재벌 사모님의 이종사촌 오빠의 동기동창과 의형제를 맺었다는 사람의 옆집에서 하숙을 했다든가 하는, 복잡하고 화려한 배경과 경력을 자랑할 만한 실력파(?)가 아니라면, 인생을 살아가야 할 무기는 딱 두 개뿐이다.

그래서 자학하듯, 흙수저임을 자처하는 젊음들은 금수저들을 눈흘기며 스스로 5포 세대도 되고 7포 세대도 된다.


## 지담선생은 재택근무도 힘들다

흙수저들은 그 두 개의 무기만 달랑 들고서 험한 세파와 마주서야 한다.

딱 두 개라니까 딱 그것만 생각하는 짱구는 구제불능이다. 구제불능으로 주저앉기 전에, 구제불능을 구제하는 건 갈약끈동이다.

갈약끈동을 시작하라.

그 딱 두 개는 무엇인가? 졸업장 한 장과 몸뚱어리 하나다. 그 두 개가 오늘 대한민국 젊은 직장인의 무기이고 경쟁력이고 전략이고 포트폴리오다.

줄리앙 소렐스탕달의 소설 『적과 흑』의 야심만만한 가정교사처럼 몸을 무기 삼아 아르바이트하는 집 아줌마라도 꼬셔서 출세작전을 세우기로 했다면 또 몰라도, 그렇지 않으면 시간을 무기로 삼는 방법밖에는 없다.

일곱 개의 모닝콜을 준비하고 잠자리에 드는 '지담선생'이다. 20세기 대한민국의 직장 그러니까 회사에 출근부나 타임체크 시스템이 있을 때의 얘기다.

직장인의 지각은, 그때나 이때나 약속해 놓고, 직장인들이 사이좋게 순번제로 차례차례 돌려가며 하는 것이 아니고, 어느 회사든지 지각담당이 아예 따로 있다.

그가 '지담선생'이다.

지담선생 소리가 듣기 싫어서일까, 그가 늦잠 자도 상관없는 재택근무 자리를 구하러 나섰다. 열심히 인터넷을 뒤지며 '상근 직장인'이 '비상근 재택 직장인'을 지원하고 있는 것이다.

재택근무 자리가 나서 그리로 옮기게 되면, 20:1의 경쟁을 뚫고 들어온 회사에 사표를 내겠단다.

그러나 지담은 그렇게는 주저앉지 말라. 그러기보다는 시간에 대해 조금만 공부하라.

자는 시간도 중요하지만, 자지 않고 깨어 있는 시간의 중요도에 비할 바가 아니다. 시간이라고 다 같은 시간이 아니다. 자는 시간보다 깨어있는 시간을 택하는 것이 산술적 계산으로도 득이 많다.

시간은 잘만 하면 큰돈이 될 수도 있다. 시간은 양으로 팔면 월급만 한 액수이지만, 질로 팔면 큰돈이 되기도 한다.

모자라는 시간을 튀겨서 남겨가며 쓰는 비결도 있다. 갈약끈동을 매일 하면 그 비결을 알게 된다.

지담은 이 쪽지를 다 읽을 때쯤은 시간의 값을 터득하리라. 시간을 우군으로 삼는 것이, 매일 만나서 매일 요구해도 매일 들어주는 365명의 여자 친구보다 훨씬 유리하다.

# 미스코리아 스마일은, 인상도 인생도 바꾸게 해준다

## 조폭 같은 험악스런 얼굴이, 죽여주는 얼굴로

하루 3분씩, 그것도 자리에서 일어나자마자, 세면실로 달려가 웃는 연습을 하는 K는 마침내 대망의 '미스코리아 스마일'을 만들어냈다. 만들어냈다기 보다, '미스코리아 스마일'을 얼굴에 그려 붙이는 데 성공한 것이다.

만나는 누구에게나 밝은 얼굴로 웃어주기 위해 큰마음 먹고, 일어나자마자 세면대로 달려가 하루 2-3분씩 거울 보고 해 온 의지의 하드 트레이닝 '미스코리아 스마일'이 한 달 만에 완성된 것이다.

원래 그는 인상이 좀 고약하다는 소리를 듣는 청년이었다.

어느 정도 인상이 험악했느냐 하면, 조폭 같다는 소리도 들었다. "소도둑놈 같다"는 소리도 들었다. 그의 아버지도 인상이 환영받을 만큼은 아니었다. 그런데 부자가 다 미스코리아 스마일로 인상이, 인상뿐 아니라, 인생이 달라졌다. 달라져도 확 달라졌다.

'미스코리아 스마일'이란 '미스코리아 선발대회' 본선 진출 자격을 딴 예선 합격 미녀들이, 합숙을 하며 본선을 준비하는 과정에서 배우는 것이다. 차밍스쿨 강사가 주로 가르친다. 필자가 여러 차례 미스코리아 선발대회 심사위원을 하면서 터득한 미스코리아 스마일을 K의 아버지에게 전수했다.

미스코리아 스마일은 '입 양쪽 근육을 귀 쪽으로 당기는 근육운동'이다.

K는 그 미스코리아 스마일 덕분에 2년 차 영업사원치고는 제법 푸짐한 상금을 탈 만큼 큰 거래를 따냈다.

꼭 영업사원이 아니더라도 얼굴 가득히 미소를 스킨로션처럼 바르고 다니면 큰 거 터뜨리게 된다. 스스로 흙수저라 자책하는 시간에 거울 앞에 서서 미스코리아 스마일 만드는 것이 훨씬 유리하다.

어쨌든 미스코리아 스마일을 완성한 K도, 그 미스코리아 스마일을 K에게 권유했던 필자도 웃는 얼굴로 해서 큰 덕을 보고 있다. 우선 얼굴에 웃음을 바르고 있으면, 거래를 할 때나 맞선 볼 때 상대가 안심을 한다. 무장해제를 하는 것이다.

영업을 할 때나 협상이나, 요구사항이 있는 상대나 상사를 대할 때 미스코리아 스마일은 죽여주는 효과를 발휘한다.

## 웃고 있으면 누가 때리지도 않는다

직장인을 위해 필자가 꼭 권유하고 싶은 것은 딱 두 가지뿐이다.

얼굴 가득히 미스코리아 스마일을, 그리고 항문 가득히 갈약끈동을.

'웃을 일이 없는데 무슨 재주로 웃느냐?' 또는 '웃을 생각이 전혀 없는데 겉만 웃는 것은 21세기적 위선이 아니냐?'고 묻고 싶거든, 화장실로 가거나 앉은 자리에서 괄약근 운동이나 시작하라.

바꿔 생각해 보자.

매일 만나는 친구, 아버지나 어머니나 형님이 계속 찡그린 얼굴이라 치자. 만날 적마다 뜨거워지는, 그러다가 언제 차가워질지 모르는 여자 친구가 항상 웃음기 없는, 찡그린 얼굴만 나에게 구경시킨다고 치자. 그런 얼굴을 마주 보고 살면 수명이 단축된다. 웃지 못할 일이 많아서 죽은 사람은 부지기수다. 그러나 웃을 일이 너무 많아서 웃다가 죽은 사람은 없다.

웃고 있으면 누가 때리지도 않는다. 짓궂은 운명의 여신도 미소 짓는 얼굴 앞에서는 본연의 임무인간을 못 견디게 괴롭히는 것이, 운명의 여신이 지켜야 할 본연의 임무다를 망각한다.


## 미스코리아 스마일 없으면 중요한 비즈니스에서 빠져라

이 세상에는 만나기 싫은 얼굴도 많이 있다.

돈을 주고 만나래도 만나기 싫은 사람이 있다. 그러나 우리가 어찌 만나고 싶은 사람만 만나며 살 수 있으랴?

내일 아침 중요한 비즈니스가 있는데, 퇴근 10분 전에 과장 아저씨한테 쫑코 먹고, 삐뚤어지도록 과음했다. 또는 오늘 아침 중요한 거래처와 면담이 있는데, 어젯밤 과음으로 표정관리가 안 된다. 실패율 100%가 예상된다.

이 때 비장의 무기로 쓸 수 있는 것이 미스코리아 스마일이다. 그러나 마음먹는다고 당장 되지는 않는다. 누구를 만나든 그 자리에서 미스코리아 스마일로 성공하려면, 미스코리아 스마일 연습을 좀 해야 한다.

매일 아침 세면대 앞에 서서, 자신을 향하여 미스코리아 스마일을 날려라. 매일 아침 이 스마일을 2분 정도, 약 1개월 정도 날리면, 개인적 인간관계든, 중요한 거래든 백발백중 성공이다.

단, 매일 미스코리아 연습을 쉬지 않고 1개월 정도 해야 한다. 그래야 미스코리아 스마일이 필요할 때, 마음먹지 않아도 저절로 얼굴에 장착된다.

직장생활이, 세상살이가, 훨씬 수월해질 것은 물어보지 않아도 된다.


르윈스키에게 코가 꿰었던 클린턴의 위기를 기억하는가? 대통령 집무실에서의 어쩌고저쩌고……. 하기야 대통령은 '어쩌고저쩌고'를 할 수 있는 공간이 집무실밖에는 없다고 한다.

어쨌든 클린턴이 그 스캔들의 위기에서 무사히 임기를 마칠 수 있던 것도 그 스마일 덕분이었다. 특별검사와의 그 지독한 생방송 대결에서도 그는 웃고 있었다. 웃음이 그를 살린 것이다.

항상 찡그리고 있어 인상 나쁘단 소리를 듣던 K도 하루 2-3분씩 미스코리아 스마일을 연습하고 출근하면서, 직장생활이 아주 달라졌다.

인상 나쁜 것은 내 탓이 아니다. 그러나 찡그린 얼굴을 웃는 얼굴로 바꾸느냐 마느냐는 내 탓이다. 그리고 미스코리아 스마일은 어떤 탓도 다 치료해주고, 아무리 심한 탓도 완치시킨다.

직장인뿐 아니라, 가정주부도 이 미스코리아 스마일만 얼굴에 장착하면, 남편을 부하 다스리듯이 다스릴 수도 있다.

# CEO는 묻기 전에 미리 대답해야 좋아하는 사람이다

## 업무상 중간보고는 가장 중요한 업무다

"사표를 낼까 고민 중입니다. 제가 능력이 부족한 것 같지는 않은데, 시키는 일도 못한다고 번번이 쫑코를 먹으니……."로 시작되는 카톡을 보낸 C는 올해 3년 차다.

그가 쫑코 먹는 이유는, 일은 잘하는데 제시간에 보고를 하지 않는 때문이라고 생각되었다. 그런데 C는 그 문제는 상세히 설명하지 않고, 아마도 자기는 아직 인간관계가 미숙해서 그렇지 않은가 생각하고 있는 것 같았다.

그래서 그와 카톡을 주고받는 과정에서, 그런대로 다음과 같은 결론을 얻었다.

C의 일에 대해서 상사 아저씨들은 하나같이 "일을 시켜도 제대로 하지 않는다"는 평가를 내리곤 했다. 그런데 이상한 것은 그가 쫑코

를 먹은 시점에 그는 상사가 시킨 일을 대개는 끝내 놓았다는 점이다.

그러나 C는 일을 끝내고 자기 스스로 상사 아저씨를 찾아가 일이 끝났음을 보고하는 법이 없었다. 그러니까 중간보고는 물론 없다.

상사가 "어떻게 됐지?" 하고 물어야 그제야 생각났다는 듯이 "아, 네. 그거 여기 다 되었습니다." 하고 내놓는 것이었다.

그런데 상사가, 지시한 일의 결과를 물어올 때는, 묘하게도 대개 상황이 급해진 때가 아니었을까 추측된다.

그런 일이 3-4회 연속으로 계속되자, 그의 직속상사인 과장님이 퇴근하는 그를 데리고 대포집에 가서 소주를 샀다.

"야 너, 나하고 일하기 싫으냐? 생긴 건 멀쩡하게 생긴 친구가 왜 그래? 직장생활은 그렇게 얌전하게, 물어야 대답하는 놈이 즐길 데 는 아니라구. 업무상 보고가 가장 중요한 업무라구."

## 마감시간을 제시하지 않은 상사도 문제

그러나 그 후 C의 태도는 조금도 변하지 않았다. C는 처음 마케팅 부서에 발령이 났는데 시장조사 과정의 중간 보고를 안 했다 해서 1년도 못 채우고 기획실로 옮겨졌다. 기획실에서는 주로 소비자 관련 업무를 했는데, 거기서도 '보고 안 하는 증세' 때문에 낙인이 찍혔다고 한다.

필자가 C에게 일이 끝났으면 왜 진행상황을 보고하지 않았느냐고 묻자, "지시를 하기는 하는데, 언제까지 끝내라든가, 언제까지 보고

하라는 소리가 없었거든요."

만일 C가 보내온 이 대답이 사실이라면 여기까지는 당연히 C가 옳다.

오히려 C의 상사들이 일 시키는 방법에서 미숙을 드러냈다고 보아야 한다. 관리자는 일을 시킬 때 반드시 정확한 마감시간을 알려주어야 한다.

중간보고를 사흘에 한 번, 또는 1주일에 한 번 하라고 지시해야 한다. 그런 상사가 일 잘하고, 일 잘 시키는 상사다.

그런데 C의 상사들은 일은 시켰지만 마감시간을 분명하게 못 박지는 않았다. 중간보고 시점을 지시하지 않은 건 물론이다.


## 상사에게 선수를 빼앗기지 말라

마감시간을 못 박지 않았어도, 그런 것쯤이야 아무리 신입사원이라도, 알아서 해야 되는 거 아니냐고 말할 관리자도 있을 것이다.

그런 관리자는 과히 관리 잘하는 관리자는 아니다.

관리자가 알아야 할 것은, 알아서 기는 것하고, 제대로 하도록 가르치는 것하고는 다르다는 사실이다. 제대로 하도록 가르치는 것이 관리자가 할 일이다.

시키는 쪽이나 지시받는 쪽이나 마감시간을 반드시 기록해 두어야 한다. 알아서 기어야 한다는 상사들의 주장도 한국의 기업에서는 맞다. 그렇더라도 C는 다음 사항을 명심해야 한다.

즉 묻기 전에 대답해야 한다.

상사에게서 지시받은 일은 만사를 제치고 마감시간 내에 끝내도록 하고, 만약 도중에 어떤 장애가 생기면 반드시 지시한 상사와 상의해야 한다.

일의 성과를 방해하는 어떤 예기치 못한 사태가 생길 경우에는, 혹시 군부 쿠데타가 터지거나<sub>왕년엔 있었지만, 앞으로는 그럴 일이야 없겠지만……</sub> 지진이 터지거나 해도 즉시 상사와 그 문제를 상의하지 않으면 안 된다.

한 가지 일을 지시받으면 최소한 세 번쯤은 진행 상황에 대한 중간보고가 있어야 한다. 일을 맡을 때는 마감시간, 하는 방법 등 모르는 것은 다 물어보고 시작하라.

묻는 것이 잘하는 짓이다. 바쁘더라도 보고해야 할 것을 빠뜨리는 것은 실수다. 상사가 "어떻게 되었어?"라고 묻기 전에 미리 찾아가서 얘기하라. 상사가 물어올 때야 대답한다는 것은 이미 상사에게 선수를 빼앗긴 꼴이 된다.

상사에게 자기 일의 선수를 빼앗겨선 안 된다.

묻기 전에 대답하고, 중간보고도 잊지 말라. S그룹 같은 데선 중간보고할 날짜를 지시하는 것이 중요한 지시사항으로 되어 있다.

중간보고를 귀찮아하지 말라. 중간보고는 "내가 지금 당신이 시킨 일을 이렇게 하고 있다"는 증거의 제시이니까.

업무 보고를 제대로 안 해서 일부 상사로부터 미움 받던 C. 그래서 참다못해 사표를 내려 했던 C는, 그 후부터 현재까지 아주 잘하고 있다.

만약 그가 쫑코 먹는 상황에서 사표를 내고 주저앉아 버렸다면 그는 패배자가 되었을 것이다. 쫓겨나는 꼴이 되었을 것이다. 직장인은 그런 일로 주저앉으면 안 된다. 주저앉더라도 상사와의 갈등은 끝내 놓고 주저앉아야 한다.

# 올바른 성공을
# 가르치는 회사가
# 좋은 회사다

"그런 회사 있으면 내가 가겠다."

3년 사이에 4개의 직장을 섭렵한 Y가 유능한 직장인인 것만은 사실이다. 그는 그 4개 회사의 공채시험에서 전부 1-2등이었다. 지금은 마음을 잡고 근무하고 있지만 병아리 시절의 그의 방황은 대단했다.

처음엔 연봉 위주로 회사를 택했다.

뭐니 뭐니 해도 직장인에겐 돈 많이 주는 회사가 제일 아니냐는 생각에서였다. 그런데 얼마 다니지 않고 비실비실 물러났다. 돈 많이 주는 대회사에 갔더니 인간의 체온을 느낄 수 없었다는 것이 그의 '조기퇴직'의 이유였다.

대회사는 자기 회사 사원을, 즉 직장인을 오직 조직을 구성하는 한 개의 나사못 같은, 부품 역할로 생각하며 거기에 만족해주기를 바란다는 Y의 생각에 전적으로 동의하지는 않지만, 어쨌든 Y는 그래서 사표를 냈다.

그래서 Y는 반대 방향으로 갔다. 직원이 100명 미만인 중소기업 공채시험에 응시했다. 물론 1등으로 들어갔다.

작지만 활기와 창의력이 넘치던 그 회사는, 그러나 유감스럽게도 돈이 너무 없었다. 영업이 잘되지 않았고 부채가 아주 많은 회사였다.

입사한 지 4개월째 되는 달부터 월급이 제 날짜에 나오지 않았다.

물론 Y는 다시 사표를 쓰고 물러났다.

그는 한때 직장생활 그만두고 자신이 회사를 하나 차리면 잘할 것 같다는 생각이 들기도 했다. 그러나 자금도 없고, 그보다는 경험도 없이 무슨 회사를 차리냐는, 철든 소리도 했다. 그러고는 돈 많은 대회사와 돈 없는 중소기업 중 어느 곳으로 가야 하느냐고 여기저기 묻고 다녔다.

그 과정에서 필자를 만났다.

Y는 월급도 많이 주고 비전도 많고, 밤을 같이 보내고 싶은 여직원도 많은 그런 회사 소개해 달라고 선배들을 찾아다니기도 했다는 것이다.

그 얘기를 들은 그의 대학 선배 하나가 대놓고 쫑코를 퍼부었다.

"그러니까 돈과 비전과 섹스를 다 같이 만족할 만한 회사는 없느냐 이거지? 야, 그런 회사 있으면 내가 가겠다."

## 마음에 드는 회사와 마음에 드는 하숙집

Y가 단순히 그 선배의 말에 대오각성한 것은 물론 아니다.

그러나 문득, "이 세상에 내 마음에 맞는 직장은 없다고 봐야 한다. 그렇다면 나를 직장에 맞춰야 된다?"라는 철학적 의문을 시작하고 난 이후부터 그의 직장생활은 안정된 것 같다.

선택적 복지 플랜을 실시하는 회사들이 우리나라에도 늘어나고 있다는 소식이다. 물론 대한민국 기업이 다 그런 것은 아니라고 하지만 매우 고무적인 현상이다.

미국의 애플, 구글은 물론이고 좀 오래된 회사인 포드나 메릴린치, GM 등 수많은 회사가 선택적 복지가 아니라 무조건 제공하는 복지정책으로 사원의 이직을 막고 있다고 한다.

단순히 연봉이 많은 것만 가지고는 직장인의 마음을 완전히 사로잡을 수 없다는 것을 일찌감치 깨달은 회사들이다. 거기에 비하면 우리나라 기업들은, 심지어 돈을 무지무지 번 기업까지도, 그 면에서는 아직 멀었다.

"이 세상에는 100% 마음에 드는 하숙집도 없고 100% 마음에 드는 직장도 없다"는 것을 깨달은 Y는 이제 돈과 비전과 섹스까지 구비한 회사는 지구 위에 존재하지 않는다는 사실에 눈을 떴다.

그것을 깨달은 이상 그의 직장생활은 성공하게 되리라고 본다. 그는 직장생활에서 돈보다 소중한 것이 있다는 것을 배우기도 했다.

## 돈 많이 주는 회사보다는 배울 것 많은 회사를

많은 직장인이 자기가 받는 대우에 불만족이다. 회사를 옮기는 가장 큰 이유도 대우 때문이다. 그러나 돈 많이 주는 회사라고 다 좋은 회사는 아니다. 무조건 돈 많은 회사를 택하기보다는 차라리 배울 것 많은 회사를 택하는 것이 유리하다.

배울 것 많은 회사란 비전이 있는 회사를 말한다.

목표를 세우고 성취하는 회사, 시대적 트렌드에 뒤지지 않는 회사, 사원이 주인임을 아는 회사, 경영이 투명한 회사, 약한 사람들과 나눌 줄 아는 회사. 기업의 사회적 사명도 아는 회사.

그런 회사가 돈 많이 주는 회사보다는 훨씬 좋은 회사다. 더구나 법을 위반하면서까지 큰돈을 버는 회사라면 그렇게 좋은 회사는 아니다. 돈을 따라 몸을 움직이는 건 이상한 직업인 소리를 듣기 쉽다. 비전이 좋은 회사를 선택해야 한다.

돈 버는 법을 배우지 말고 성공하는 법을 배워야 한다. 회사가 어떻게 성공하는지를 유심히 살펴야 한다. 위기를 극복하는 법도 회사에서 배우는 것이 가장 실감 있고 효과적이다.

회사를 사랑하는 법도 배워야 한다. 사장을 사랑하는 법도 배우라. 돈 많이 주는 회사는 그런 것을 가르치지 않지만, 배울 것이 많은 회사라면 그런 것도 배울 수 있다.

# '남자의 3여자'보다 귀한 '남자의 3남자'

**나는 너의 1/3이 되고 싶지 않다.**

D는 최근 여친과 갈라섰다.

사랑이 식어서도 아니고, 오래 가야 좋을 것 없을 정도란 소리가 나올 정도로 오래 사귄 것도 아닌 사이였다. 게다가 친구들의 증언에 의하면, 헤어진 그녀가 그동안 사귄 여친 가운데 D가 제일 좋아하는 타입이었다는 것이다. 그런데 헤어진 동기가 재밌다.

농담하다가 농담처럼 찢어졌다는 것이다. 농담을 먼저 시작한 것은 D였다.

"남자는 한꺼번에 두 여자를 사랑할 수 있다. 물론 나라면 세 여자까지도 가능할 것이다."

그런데 빨끈할 줄 알았던 그녀는 생글생글 웃으며 그 농담을 되받았다.

"여자는 남자 하나 가지고는 안 된다. 남자가 3명은 필요하다. 내가 사랑하는 애인, 섹스 파트너로서의 애인, 물질적 후원자로서의 애인."

그 여친이 꼭 그렇게 하겠다는 것도 아니었는데 빨끈한 D가 찢어지자고 제의한 것이다. 시작은 자기가 해놓고 책임은 여친더러 지라는 격이 되었다고 친구들은 입을 모았다.

그러나 D는 친구들에게 큰 소리로 대꾸했다. "아무리 맺어지고 찢어지는 것이 쉬운 세상이라도, 여자가 어떻게 그런 소릴 하느냐."였다. 여자는 그런 소리 하면 안 되고 남자는 된다는 건지, D의 주장엔 확실히 석연치 않은 구석이 있다.

농담일망정 한 여자의 3분지 1은 되고 싶지 않다는 것이 D의 주장이었다. 그렇다면 여자는 남자의 2분지 1이나 3분지 1이어도 상관없다는 것인지, 좌우간 D의 사고에서 양반 상놈 따지던 할아버지들의 냄새가 난다.

그런 사고방식을 깔고 앉아서는 안 된다. 그런 사고방식이, 즉 여성을 가볍게 보는 사고방식 가지고는 21세기의 야심찬 직장인으로 성장할지는 의문이다.

더구나 D는 '여자의 세 남자'가 아니라 '남자의 세 남자'에 대해서 알고 있는지 궁금하다. 남자라면 '남자의 세 남자'에 대해서 반드시 알아야 한다.

# 가슴살 1근이라도 베어주마!

그녀의 '세 남자'는 농담이었지만, 진담으로 남자에게는 세 사람의 친구가 필요하다. 어쩌면 남자의 일생은 그 세 사람을 찾는 여행인지도 모른다. 평생을 같이 갈 멋진 친구 세 명을 찾는 일이 남자에게는 보통 중요한 일이 아니다. "그를 잘 알려면 친구를 보라. 친구를 보면 그를 알 수 있다"는 영국 속담은 아직도 분명한 진리다.

말은 쉽지만 그런 친구를 갖는다는 것은 참으로 부러운 일이다. 입으로는 평생 친구라면서, 실제로는 아주 이기적인 우정을 이어가는 친구들도 많다.

셰익스피어의 『베니스의 상인』을 기억하는가?

세계에서 둘째가라면 서러울 그 아름다운 도시 베니스에서 피비린내 나는 거래가 있었다. 사채업자와 채무자의 거래에 보증을 선 친구가 가슴에서 살을 도려내야 할 위기에 빠진다.

물론 위기는 셰익스피어의 연극답게 해결이 되지만, 친구를 위하여 가슴살을 도려내도 좋다는 계약서에 서명하는 남자의 우정은, 어떻게 보면 사랑 이상이고 결단력 이상이다.


중세의 우정은 그랬지만, 증권과 인터넷으로 상징되는 초현대식 우정은 '엔들리스 러브'의 배경음악으로 분위기를 잡은 영화 '사랑과 영혼'에서 그 예를 찾아볼 수도 있다.

데미 무어의 연기가 인상적인 이 영화는 돈이 탐나서 가장 가까운 친구를 죽이는 네티즌의 우정을 우리에게 소개한다.

## 좋을 때만 만나는 친구라면 있으나마나 친구다

어떤 친구가 그런 친구인가? 첫째, 어려울 때 달려가 상의하고 도움을 청할 수 있는 친구. 둘째, 무엇이든지 네 것 내 것 아끼지 않고 나눌 수 있는 친구. 셋째 내가 비합리적이고 옳지 않은 일을 시도하려고 할 때 선뜻 나서서 견제해 줄 수 있는 친구가 그런 친구에 속한다.

가슴살을 베어 줄 수 있는 뜨거운 우정이 아니더라도, 비가 올 때 우산을 받쳐 주는 친구도 중요한 친구다. 그러나 비는 오는데 우산이 없을 때, 같이 비를 맞아 주는 친구라면 더 좋은 친구다.

좋을 때만 만나는 친구는 우정이 의심스럽다. 직장생활을 터놓고 상의할 친구가 없다면 지금 당장 그런 친구 찾기에 나서야 한다. 가슴살 1근을 바쳐도 서로 아깝지 않을 그런 친구가 있어야 하는 것이다.

좋을 때만 좋게 지나고, 어려울 때는 돌아보지 않는 친구라면, 친구가 아니라 장차 원수가 되지는 않더라도, 배신자가 될 수 있는 인간이다.

친구 사귀기를 직업이나 돈보다 더 중요하게 여기라.

친구 만들기는 농사와 같다.

진심으로 우정의 씨앗을 심으면 훌륭한 친구라는 풍요로운 수확을 거둘 수 있다. 지금 나에게 그런 친구가 하나라도 있는지 주위를 살펴보라.

그런 친구를 만드는 가장 좋은 비결은, 자기 스스로가 먼저 그런 친구가 되어 주는 것이다.

그러면 일은 쉽게 풀린다.

# 새벽 5:30분에 거행되는 변화의 마라톤

## 인생의 목표? 그게 뭔데?

P가 그해 1월 1일자로 해외 지사에 발령을 받은 것은, 매일 새벽 6시 30분에 과장 아저씨에게 전화를 걸어 하루 업무를 상의하기 시작한 지 3개월 정도 지나서였다.

대학 선배인 그 과장 아저씨는 새벽마다 자기를 깨워주고 일을 상의하는 부하직원을 처음엔 귀찮아하다가 유심히 보기 시작했다. 그러다가 마침내, 해외 주재 사원을 물색하고 있는 사장에게 과감히 자신을 추천한 과장 아저씨는 정말 훌륭하고 존경할 만한 상사라고 P는 술에 취하지 않고도 떠들어댔다.

P가 처음부터 새벽 전화 또는 새벽 업무개시 스타일은 절대 아니었다.

외아들인 P는 3년 차다. 어려서부터 부모가 해달라는 대로 다 해주어서 무엇 하나 부족함이 없었고, 흐느적거리며 연체동물처럼 되는 대로 살아왔다. 규모 있게 자기질서를 세워 하루하루를 살아가는 직장인은 물론 아니었다. 뚜렷한 인생의 목표나 업무상의 계획 같은 것도 물론 없었다.

누가 그런 것을 물으면 "그래? 그게 뭔데?" 하고 되묻는 정도였다.

부모와 세 식구가 사는데 P의 엄마는 아침이면 밥상을 꼭 두 번씩 차렸다. 한 번은 출근하는 남편을 위해서, 또 한 번은 지각 출근하는 아들을 위해서.

그러던 P가 달라진 것이다. 상사 아저씨에게 새벽 전화를 거는 등, 그의 변화는 부모에게는 약간 겁이 나기도 했다. 갑자기 달라진 P가 아버지에게 자랑삼아, 아니면 아버지를 멘토로 삼은 후배처럼 소곤소곤 들려 준 얘기는 '변화의 마라톤'이었다.

P는 사원교육을 받은 이후 뒤집어지기 시작했다. 필자는 P가 다니는 회사의 사원 교육 강사로 참가했다. 필자는 꼭 P를 위해서가 아니라, 직장인들에게 항상 권유하는 변화, '우선 얼리버드가 돼야 하는 12가지 이유'를 강의했다.

그 후 P의 변화는 잠에서 깨는 시간에서부터 나타나기 시작했다. 5시 30분에 정확하게 일어났고 6시 30분에 상사 아저씨와 일을 상의하기 시작한 것이다.

## 아침을 바꾸면 인생도 바뀐다

'지금의 내 인생이 내 마음에 들지 않는다면, 우선 아침을 바꾸면 된다'를 P가 받아들인 것은 자신의 인생이 그동안 마음에 들지 않았다는 것을 증명한 셈이다.

그것을 그가 믿기까지에는 호된 시련, 호된 방황이 있었다. 그러나 아침을 바꾸자 뒤집어지기 시작했다.

1주일에 거의 4-5일을 취해 있었고, 따라서 매주 2-3회 이상 지각을 하고 있었다. 여자들과의 문제에 있어서는 '여친 짧게 사귀기' 콘테스트에 나온 사람처럼 잘 사귀고 잘 찢어졌다. 그러면서 속으로는 상처받고 있었다.

회사도 자주 옮겼고, 이 회사도 그만둘까 하고 벼르고 있었는데 사원교육에 참가했다가 '변화의 마라톤'에 끼어든 것이다.

P가 그해 9월 첫 주부터 시작하여 그해 말까지 계속하리라고 계획한 것 가운데 하나가, 매일 아침 동료직원 5명 깨워주기였다.

그런데 동료들 깨워주기 시작한 지 열흘도 안 되어서 동료들이 "이 미친놈 죽여버리겠다"고 욕을 하는 바람에 포기하고 싶었다.

그래도 그 가운데 몇 명이 고맙다고 커피도 사고 밥도 사는 데 힘을 얻어 금년 말까지 계속하기로 했다. P의 변화는 주변 사람들을 계속 놀라게 하고 있다.

**변화의 마라톤이 좋다는 것을 알긴 알면서도…….**

지금 P는 믿고 있다. 아침을 바꾸면 인생이 바뀐다는 사실을.

이 세상에 이름깨나 남긴 CEO나, 정치인이나, 학자나, 예술가나 성공한 사람들이 대부분이 얼리버드였다는 사실에 대한, 뼈저린 각성이 P에게는 있었다.

우리는 수없는 변화의 요청 속에 살고 있다. 변하지 않고 멈추면, 흐르다가 정지된 물처럼 색이 변하고 썩고 악취를 풍긴다.

우리는 사실 스스로 변화하고 싶은 욕망 속에 살고 있다. 바꾸고 싶다. 나 스스로를 바꾸고 싶고, 나를 통해 회사를 바꾸고 싶다는 직장인이 90%가 넘는다. 물론 그 90%가 다 실천하고 있지는 않지만, 90%가 아니라 100% 전부가 변화의 필요성을 절감하고 있는 것이다.

변화의 필요는 그렇게 긍정하고 있지만 P처럼 으악 소리 나게 변화에 성공하는 확률은 그렇게 높지 않다. 자기 변화를 시도했으나 실패했다는 숫자도 90%가 넘는다. 변화를 시도한 직장인의 10% 정도가 성공하고 있는 셈이다.

'변화의 마라톤'에서 다짜고짜 금메달 딸 생각을 해서는 안 된다. 작은 대회에서의 작은 상을 많이 타는 가운데 실력이 늘어나 올림픽에도 출전하듯, 자기 변화도 치밀한 계획하에 작은 것부터 의지적으로 진행되어야 한다.

진정으로 변하고 싶다면 아침을 바꿔야 한다. 아침을 바꾸면 인생이 바뀐다.

아침 바꾸기의 첫째는 무조건 5시 정도에 일어나 보는 것이다. 처음에는 쉽지 않을 것이다. 정 어렵다면 5시 30분, 또는 6시라도 좋다.

변화의 마라톤은, 일단 시작해 보는 것이 중요하다. 시작도 안 해 보고 주저앉은 뒤 이 핑계 저 핑계 대 봐야, 인생이 핑계로 망할 수는 있어도, 핑계로 흥하는 인생은 없다.

P가 한 가지 증명한 것이 있다. P뿐 아니라 변화의 마라톤에 성공한 사람들이 다 증명하고 있는 것이 있다. 현재까지 발명된 자기혁명의 방법 가운데 아침에 일찍 일어나는 것 이상의 방법은 없다는 사실이다.

## 문재인 대통령도 고민하는 '노동의 종말'

"사표를 던질 때는 회사가 여기뿐야, 했는데 18개월 백수 생활에, 이력서를 40여 군데나 내고 보니 취업이 장난이 아니구나 하는 생각이 듭니다."

'배부른 짓 하다가 쪽박 깬 사나이'라고 스스로를 폄하하는 O는 이제야 직장이 무엇인지, 직장인이 무엇인지 알 것 같다는 얘기였다. 직장인 3년, 백수 1년 반 남짓에 철이 난 것 같다는 고백이다.

경력자로서 취업의 높은 벽을 체험하고 있는 것은 O 한 사람만이 아니다. 호기 있게 사표를 내고 나와서 1년쯤 백수 생활을 하면, '아, 그래도 역시 그 시절이 안정되고 좋았어.' 소리가 저절로 나오게 된다.

경력자이건 신입이건, 학력자의 취업난이 우리나라에서도 극에

달하고 있다. 이제는 대학을 나와도 취업 문제에 있어선 고졸이나 별로 다름없는 세상으로 변한 지 오래다. 어지간한 회사의 신입사원 공개 채용은 경쟁률이 100대 1 이상이다.

그래서 지난 5월에 출발한 문재인 정부의 1급 정책 목표 가운데서도 가장 중요한 1급 정책목표가 일자리 문제다. 문재인 대통령은 아예 "일자리에 명운을 걸겠다"는 결심을, 선거기간은 물론이고, 대통령이 된 후에도 여러 차례 피력한 바 있다.

문재인 대통령 취임 후 만들어진 일자리위원회 홈페이지에 올라와 있는 청년실업률의 경우 2017년 5월 기준 공식 통계는 9.3%이지만 사실상 실업자를 모두 포함하는 체감실업률은 23%에 달한다는 것이다.

이런 시대에는 취업에 대한 콘셉트, 즉 직업관 자체가 달라져야한다. 21세기가 시작되기 이전부터 '노동의 종말'이 우리 눈앞에 실제로 펼쳐지고 있다. 노동의 종말이 대한민국에선 취업의 종말로 나타났을 뿐이다.

그런가 하면 한 달에 한 봉투의 월급만 주는 고정급에 매달릴 것이 아니라, 새로운 콘셉트의 비즈니스인 블로그 마케팅이나 쇼핑몰에 눈을 돌리기도 하고, 퇴근 후의 알바로 투잡 샐러리맨이 되기도 한다.

이런 현상 역시 노동의 종말을 맞은 미국이나 유럽, 일본 등지에서 이미 구경했던 풍경의 하나다.

## '사표 쓰기 = 젊어서나 즐길 아이템'의 하나지만

통계청이 지난 5월 11일 '2017년 4월 고용동향'을 내놓았다. 4월 국내 실업자는 117만 4,000명으로 지난해 같은 달보다 9만 9,000명 이 증가했다는 것이다.

특히 주목할 점은 15~29세 청년 실업률이다. 4월 11.2%로 지난 해 4월보다 0.3% 상승했는데, 실업자 기준을 구직 기간 1주일에서 4주일로 바꿨던 1999년 6월 이후 4월 기준으로는 역대 최고 기록 이라고 한다.

문 대통령은 "지난해 청년 10명 중 3~4명이 실업 상태로, 청년이 취업, 결혼, 출산을 포기해야 하는 헬조선이 되고 말았다."며 한탄 하기도 했다.

초딩들은 자기가 우습게 아는 그 회사에 들어오기가, 사실은 하늘 에 별 따기라는 사실도 알고 있다. 알면서도 많은 직장인이 커피 한 잔 마시는 기분으로 사표를 쓴다.

"객기로 저러는가 싶어 말려도 소용없고, 때로는 한 1년 놀다가 다시 돌아오는 애도 있다. 직장이란 참을성을 발휘하지 않으면 안 되는 조직인데……."라며 후배 직장인을 안타까워하는 20년 차 늙 딩은 푸념한다.

어느 1년 차 직장인은, 선딩<sub>선배 직장인</sub>이 후딩<sub>후배 직장인</sub>에게 전혀 일할 기회를 안 준다는 이유로 사표를 던졌다. 그런가 하면 다른 회 사로 가기 위해 사표를 내긴 냈는데 회사가 붙들어 못 가고 있다는 카톡을 받은 일도 있다. 그 외에도 사표에 얽힌 사연을 보내는 직딩이 적지 않다.

결국 대한민국의 기업은, 그러니까 직장은 들어가긴 어렵고 나오기는 쉬운 삶의 터전이 되고 말았다. 들어가는 문은 쥐구멍만 하고 나가는 문은 구멍이 아니라 훤히 열린 대문이다.

취업하긴 어렵고 나이가 50여 세만 되면, 아니 이젠 40대 후반만 되면 나가주기를 요구하는 것이 대한민국 직장의 현주소다.


## 전업이나 창업은 회사 몰래, 회사에 누 끼치지 말고

거기에 비하면, 블로그 마케팅이나 쇼핑몰 등 인터넷을 중심으로 한 직업은 들어가는 문은 훤하게 열려 있고, 나이가 60이 넘어도 나가라는 사람은 없다.

그래서 그쪽으로 진출하려는 직장인들, 또는 실업자들이 점점 늘어가고 있다는 보도를 흔하게 접한다. 최근에는 사표 내고 블로그 마케팅, 또는 프랜차이즈 음식점을 하면 어떻겠느냐는 문자나 카톡을 보내오는 직장인이 매일매일 점점 늘어난다.

그러나 재직 중인 직장인은 무턱대고 사표를 쓰고, 소위 창업을 하기보다는 찬스를 보아야 한다. 우선은 겸직을 하는 것이 바람직하다. 퇴근 후에 할 수 있는 일을 시작하면서, 완전히 독립할 시기를 잘 잡아야 한다.

왜냐하면 섣불리 창업했다가 퇴직금 다 날린 직장인을 우리는 최근 몇 년간 너무 많이 보고 있다. 그걸 알면서 달려들 순 없지 않은

가? 퇴직금으로 창업을 했다가 본전 다 날리고 주저앉은 직장인도 늘어나고 있다.

주저앉지 않으려면 주변을 면밀히 살펴야 한다. 완전히 준비가 될 때까진 회사가 알지 않도록, 그러나 회사에 누를 끼치지 않도록 주도면밀해야 한다. 사표를 쓰는 건 젊어서 즐길 수도 있는 아이템이지만, 창업은 제2의 인생이 시작되는, 그야말로 죽기 살기 게임이니까.

사표를 쓰고 싶을 때는, 앞뒤를 살펴야 한다. 특히 노동의 종말에 대해, 이 나라의 노동의 종말은 어디까지 와 있는가, 그리고 노동의 종말을 빌미로 창업이나 이중 직업을 가질 때의 결과 또한 면밀히 살펴야 한다.

이래저래 직장인에게 점점 어려운 시절이 다가오고 있다.

# 이 세상에 떼어 먹어도 좋은 돈은 없다

## 백수 아버지에게 꾼 돈도 안 갚는 직장인

2년 차 철부지 직딩 A는 돈 계산 흐리기로 가족과 일가친척 간에 소문이 자자하다. A의 가족과 일가친척치고 그에게 돈 떼어먹히지 않은 사람은 별로 없다는 것이다. 돈 계산이 깨끗하지가 않아서 일가친척도 그를 보면 피한다. 그렇게 되니 부모형제 가운데 아무도 믿어주는 사람이 없다. 하도 돈을 많이 꾸고 하도 많이 갚지를 않아서이다.

가장 심했던 것은 5년째 백수로 있는 아버지에게서 꾼 돈도 갚지 않은 것이다. 아버지는 그런 아들이 걱정되면서도, 겉으로는 허허 웃으셨지만, 결혼한 누나에게 꾼 돈을, 꿀 적마다 안 갚아서 만나기만 하면 다툰다고 한다.

A의 꾼 돈 안 갚는 증세는 가족들에게만 국한되지 않는다. 친구들

에게도 툭하면 꾸고 툭하면 안 갚는다. 회사에서도 여기저기 돈을 안 꾼 사람이 없을 정도다.

'가불도사'를 아는가?

우리나라 경제가 열악했던 60-70년대, 직장이 있어도 월급이 시원치 않던 때라, 직장인은 의례히 가불하며 살았다. 그중에서 가불 잘 하는 사람, 즉 가불도사도 나왔다.

그 시대에는 대부분의 직장인이 가불을 했지만 그 가운데서도 좀 심한 사람을 가불도사라 불렀다. 심지어는 가불하는 직장인을 풍자하는 유행가도 나왔다. 오래도록 유행했는데 당시의 톱 가수 최희준이 불렀다. 노래 제목이 '월급봉투'였다.

'가불도사'라는 용어 자체가 지금은 표면적으로 사라진 것 같지만, 최근 2-3년 사이 가불 대신 퇴직금 선지불 등의 형식으로 이름은 변했지만 여전히 회사에 빚을 지고 근무하는 직장인도 적지 않다.

특히 월급 가불이 아닌 신용카드로 돈을 꾸어 쓰는 카드 가불이 기하급수적으로 늘고 있다. A역시 왜 그렇게 돈을 꾸느냐고 물으면 카드 값 갚기 위해서라고 대답을 할 만큼 '카드 빚이 생활화'되어 있다.


## 인생이 채무변제기간으로 변했을 때의 비애

A는 깊게 사귀는 여친의 돈도 꾸었다 하면 갚지 않는다. 꾼 돈 안 갚는 이유로 찢어진 여친도 여러 명이다. 친구들 가운데는 A가 여친과 찢어지고 싶을 때면 돈을 꾸고 갚지 않는다는 소문을 퍼뜨렸다가

A와 크게 싸운 일도 여러 번이다.

카드도 빚이고 가불도 빚이다. 언젠가는 갚지 않으면 안 되는 빚이다. 빚을 지고 있는 동안, 즉 갚고 있는 동안이건 갚지 않고 있는 동안이건, 즐거워야 할 젊음이 채무변제기간이라는 아주 재수 없는 이름으로 바뀔 수도 있다. 자유와 즐거움을 꾼 돈 만큼의 의무로 바꾸는 것이 빚이니까.

돈이 없을 때는 어떻게 해야 되는가? 다음 4지 선다형 답변 가운데 어느 것을 택할지 셀프 테스트 한 가지.

1) 안 쓴다, 2) 꾼다, 3) 훔친다, 4) 번다

4개 가운데 어느 것이 정답일까? 가장 좋은 방법은 4)번 '번다'라고 대부분 말한다. 그러나 버는 것이 좋긴 좋지만, 버는 것은 나중이고 우선 써야 할 데는 많다 고 하는 경우라면 벌기 전에는 안 써야 한다.

그런데 돈의 철학이라고 부를 만한 진리 하나……. 마음 약한 사람은 이럴 때 꾸고, 마음 독한 사람은 이럴 때 훔치기도 한다.


## 부자는 있어도 안 쓰고, 가난뱅이는 없어도 쓴다

카드 빚이건 가불이건, 없으니까 꾼다는 입장에는 어떤 충고도 통하지 않는다. "빚지고 사는 인생은 거의 내 것이 아니다"라는, 많은 채무자들이 체험담처럼 말하고 있는 빚 철학만이 통한다. 그 철학은 이론으로 즐길 만한 철학이 아니라, 채무자가 되어 채권자들에게 내 인생의 재량권을 넘겨주지 말라고 권하는 철학이다.

돈이 없을 때 어떻게 하느냐를 보면 부자와 가난뱅이가 확실하게 차이가 난다. 즉 가난뱅이는 없어도 쓰는 사람이고, 부자는 있어도 안 쓰는 사람이다.

여기서 부자가 되려면 한 푼 돈도 아끼라든가, 어떤 재벌이 젊은 한 시절, 팬티를 꿰매 입었다는 얘기를 할 생각은 없다. 다만 돈 꾸는 데 취미가 붙으면, 자칫 카드빚에 허덕이는 직장인이 될까 걱정돼서 하는 소리다. 카드로 우선 쓸 데 쓰고 나중에 카드빚 갚지 하다가, 신용불량자가 된 사람들을 우리는 얼마나 많이 보아왔던가?

돈의 철학 가운데 쓰는 철학과 버는 철학은, 부자가 되느냐 안 되느냐로 이어진다. 얼마나 많이 버느냐 안 버느냐의 차이가 아니라, 얼마나 지독하게 안 쓰느냐의 차이라는, 약간 수상한 부자논리도 있긴 있다.

A를 비롯해서 대부분의 직장인은, 있으면 쓰고 없으면 안 쓰는 사람만 돼도 훌륭한데, 그게 아니고 '없으면 꾸는 사람'이니 걱정이다. 그 꾸는 기질이 만약 신용불량자로 추락하게 되면, 다시 신용을 회복하기가, 돈 벌기보다 훨씬 어렵다는 사실을 A는 명심하기 바란다.

회사에 대해서건 부모형제에 대해서건, 또는 친구에 대해서건, 흔하게는 카드 사용자로서 제 날짜에 입금을 못 시켜, 결과적으로 채무자가 되지는 말라. 갚을 능력이 있어도 빚지지 말자. 갚을 능력이 없으면 더욱 빚지지 말자.

꾸는 것은 습관이다.

자질구레한 욕구를 억제할 수 있다면 꾸지 않고 사는 큰 방법을 발견하게 될 것이다. 빚쟁이가 되어 주저앉느니, 쓰고 싶을 때 안 쓰는 방법 발견에 눈을 떠라.

그것을 발견하는 것이 21세기, 카드시대를 사는 젊음의 지혜다.

# 정말 돈 없이
# 결혼하면
# 밤에만 즐거울까?

## 잠자리 파트너 100명 채우고 결혼하겠다더니

인생의 주 업무는 레저와 스포츠와 섹스. 그래서 직장은 그 주 업무 수행을 위한 연락처에 불과하다는 대한민국 20대 샐러리맨 K.

K뿐 아니라 그런 직장인이 어느 회사에나 있다. TV의 연속방송극 가운데 직장인을 주제로 하는 모든 드라마에 그런 직장인이 많이 나온다. 무능한 직장인은 그런 부류에 속하지 못한다. 제법 유능하다는 직장인 가운데 이런 스타일의 직장인이 많다. 방송을 안 봐도 알 수 있다.

결혼 전까지 잠자리 파트너 100명을 채우겠다는 것이 K의 유일한 목표였다. 대학 재학 중에 시작해서 결혼할 때까지를 약 10년으로 볼 때 과히 과중한 목표도 아니라고, K는 마치 통계학자처럼 떠들어대서 누나들에게 눈 흘김도 많이 받았다.

그러던 K. 결혼은 자신이 설정한 100명 목표달성 후에 생각해 보겠다더니 최근 결혼 의사를 가족들에게 발표했다. 아마도 100명 목표를 달성한 것 같다는 것이 K 친구들의 추측이고, 부모나 누나는 아마도 "쟤가 인제 철이 나나 보다." 했다.

그 K가 결혼을 해야 할까 말아야 할까를 묻는 카톡을 하나 필자에게 보내 왔다. 이 카톡은 그래서 K 같은 처지에 있는 20대 샐러리맨 모두에게 발송된다.

연애는 주목적이 즐기는 것이다. 진짜로 연애에는 육체적 즐거움, 정신적 즐거움, 거기에 경제적 즐거움선물 받는 즐거움, 없어도 돈 쓰는 즐거움, 더구나 돈을 같이 쓸 때의 즐거움까지 곁들였으니, 질 높고 죽여주는 즐거움이다.

연애는 공짜로 초청받은 해외여행보다 즐거움이 크다. 거기에 비해 결혼은 즐거움의 질이 떨어진다고 K를 비롯한 대한민국의 많은 20대 샐러리맨들이 지레짐작하고 있다.

연애는 즐기면 그만이니까, 15세 연하이든그런 영화 많다, 25세 연상이든이런 영화도 여러 편, 어느 나라에는 그런 대통령도 있다 상관없다.

즐거우면 되니까 요것조것 따질 것도 없다. 결혼은 그러나 '상관없다' 소리가 잘 안 나온다. 연애가 따질 것이 없는 반면 결혼은 후진국후진 나라가 후진국이다 세관처럼, 요것조것 따지는 것이 많다. 따지는 것이 싫으면 결혼하지 말라는 소리가 아니라, 결혼할 때 많이 따지지 않으면 이혼할 때 되게 따지게 되더라는 것이, 주례 모시고 하는 정식 결혼식 4회 경험자의 고백이니 K는 참고하라.

연애는 그래서 시詩라고 해야 어울리고, 결혼은 그래서 산문이라고 해야 어울리는 것 같다고, 대부분 결혼 10년을 넘은 기혼자들은 넋두리 같은 충고를 하고 있다.

## 월급 안 들여와도, 대한민국에선 직장 있다는 것만으로도 효자

K는 나눔의 철학이라고 말한다. 잠자리 여자친구 100명을 채우겠다는 인생목표를 나눔의 철학이라고. 그러나 K는 자기가 나눠 주는 것만 철학인 줄 알았던 모양이다.

그 100명의 여자 가운데 누구에게서 자신도 나눔을 받았을 수도 있다는 것은 생각도 안 한 모양이다.

어쨌든 K는 아직 측은한 캥거루다. 아직도 엄마 품에 안겨 사는 20대 샐러리맨이다.

엄마의 걱정 한 말씀. "월급 타서 예금을 해 본 일도 없는데 매달 모자란다고 돈타령이고 장가간다는 게 수학여행 가는 건 줄 아는지 엄마만 쳐다보고 있으니 저런 아이 장가보내도 돼요?"

K의 어머니는, K가 제 아버지를 닮아서 여자 좋아하고 술 좋아하고, 일 싫어한다는 소리를 전화를 걸 적마다 되풀이한다. 어쨌든 '캥거루K'는 회사에서 한 달에 한 봉투씩 주는 월급을 생활비에 쓸 일도 없고, 오직 여친 100명 목표달성을 위해서만 지출해 왔다는 것이다.

엄마가 월급 그렇게 너 혼자서만 펑펑 쓰지 말고 집에도 좀 가져 오라고 하자, K가 엄마에게 던진 한마디.

"엄마. 지금 직장 없어 노는 애들이 얼마나 많은데 그래? 내가 걔 들처럼 실업자 돼서 엄마 돈 안 가져가는 것만 해도 얼마나 고마운 일인데 그래?"

딴은 그 말도 맞긴 맞는 말이라고, 엄마는 오히려 K를 대견해했다.

허기야 월급은 집에 만 원짜리 단 한 장 안 들여와도 20대 그 나 이에 직장 있다는 것만도 요즘 대한민국 형편에는, 사실 되게 효자다.


## 사랑도 결혼도 돈 놓고 돈 먹기는 아니다

돈 없이 결혼하면 밤에만 즐겁다는 논리가 통하던 시절도 있었다.

가능하면 어느 정도 생활력을 키운 다음에 결혼하라는 충고는, 가 난한 시대에는 선배들이 주로 하던 소리였다. 그렇지 않으면, 생활 비 걱정하느라고 신혼의 달콤함이 쉽게 소멸됨은 물론, 한창 펼쳐야 할 젊음이 쉽게 풀이 꺾일 것 같다는 그런 충고였다.

어려웠던 그 시대에는 그런데, 결혼하고 경제적으로 좋아진다는 역설도 성립했다. 총각 때는 번번이 월급이 모자랐다. 살림에 보태 는 것도 아니고, 월급 타서 저 혼자 쓰는데도 모자랐다.

그런데 결혼하고 1년 후에 보니 살림은 여전히 셋방살이지만, 적 금통장이 생겼다. 즉 혼자 살면 모자라는 돈이 둘이 살면 물이 고이 듯이 고인다는 것이 증명되는 시대였다. 지금도 이런 증명은 얼마든지 가능하다.

결혼은 돈만 가지고 되지는 않는다. 부잣집 아들딸, 아니 아주 최근에 우리는 대한민국 제일가는 재벌집 딸이 결혼했다가 이혼소송하는 것도 구경했다.

그러니까 끔찍하게 많은 돈이 있다고 해서 행복이 보장되진 않는다는 사실을 확인했다. 결혼은 너무 따지면 안 된다. 사랑도 결혼도 돈 놓고 돈 먹기는 아니니까.

그래서 필자는 K에게 최후 결론 삼아 다음과 같은 톡을 보내야 했다.

"사랑하는 여자 있으면 결혼하라. 돈 때문에 3포니, 5포니 하지 말라. 매사를 돈하고 연결시키지 말라. 사랑 있으면, 돈 문제 같은 것도 극복할 수는 있다. 돈은 있는데 사랑 없는 것이 오히려 문제다. 사랑 문제는 결혼 전에 따져 놓고, 돈 문제는 결혼 일단 해놓은 다음에 해결하는 것이 어떤가?"

# 좋은 회사를 기막히게 가려내는 세 가지 기준

- 먹을 것 많고, 배울 것 많고, 재미있는 회사를 찾습니다. -

## 돈만 많이 주는 회사가 정말 좋은 회사인가?

좋은 회사에 다니고 싶다고 샐러리맨들은 누구나 입을 모은다.

'어떤 회사가 좋은 회사인가?'라고 물으면 딱히 그 입에서 정답이 나오지도 않는다. 대개 좋은 회사다 하면, 돈 많이 주는 회사, 즉 월급 많은 회사를 말하는 것으로 안다.

정말 그럴까?

돈만 많이 주는 회사라면 정말 좋은 회사일까?

돈만 많이 준다면, 그 회사가 어떤 회사건 정말 좋은 회사일까? 돈만 많이 주면 다른 것은 따지지 않겠는가?

돈만 많이 준다면 언제고 지금 회사 사표 내고 그 회사로 옮길 것인가? 허기야 샐러리맨의 80% 이상이 '연봉이 겨우 생활비 충당에 빠듯하다'고 하는 판이니 돈 많이 주는 회사가 좋은 회사인 것은 사실이기도 하다. 그렇다고 해서 다니던 회사에 사표 내면서 "나는 좋은 회사에 다니고 싶습니다."라고는 말하지 말라.

싸가지나 그런 소리 하지, 직장인은 그런 소리를 하면……. 그런데 실제로 그런 싸가지가 있었다. 중소기업 5년 차 샐러리맨 B가 사표를 냈다. 다른 회사에 가기 위해서였다. 그런데 B가 떠나면서 던진 한마디가 그 회사 사장과 사원들의 가슴에 못을 박았다.


## 사표 내면서 "저 좋은 회사에 다니고 싶습니다"

그러니까 나는 지금 이 회사, 이 나쁜 회사를 떠나겠다는 얘기 아닌가?

그만둘 때 그만두더라도 이런 소리를 싸가지 없이 혀끝에 발라서는 안 된다. 여자하고 헤어질 때도 할 소리 안 할 소리가 따로 있는 법<sup>허기야 이별에 무슨 법이 있으랴만</sup>이다.

헤어지는 마당에 "좋은 여자를 만나고 싶다."라고 말해봤자, 이별의 시간만 지루하게 설왕설래할 테니까, 헤어지더라도 말은 골라서 하자는 거다.

B에게 묻고 싶다. 어떤 직업이 좋은 직업인가? 어떤 회사가 좋은 회사인가?

지금보다 더 좋은 회사 만들기에 신경 써 본 사람이라면, 오히려 그런 소리 안 하고 떠난다. 떠날 때 떠나더라도 그런 소리를 남긴다는 것은 샐러리맨으로선 물론이고, 인간으로서도 좀 덜 됐다는 평가를 받아야 한다.

그러나 그렇게 독한 소리 하는 샐러리맨치고 진짜 좋은 회사 말하라면, 제대로 말하는 사람 드물다. 그런 샐러리맨일수록 수입만 좋으면 다 좋은 회사로 알고 있기 십상이다. 진급이 제대로 되지 않는 회사는 무조건 나쁜 회사. 직종이 좋기만 하다면 무조건 좋은 회사. 이런 식의 경직된 사고는 직장인에게 별로 득이 되지 않는다.

월급 많이 주는 회사, 보람을 느끼는 회사, 그러나 재미없는 회사라면…….

"좋은 직업은 따로 없다. 좋게 생각하면 그것이 좋은 직업이다."

옛날 같았으면 이렇게 말했을 것이다. 공자, 노자, 소크라테스까지도 그렇게 말했을 것이다. 아니 그들이 그렇게 말했다 해도 신빙성에는 문제가 있다. 그들은 점잖기는 해도 박봉이나마 월급을 받아본 적이 없으니까.

## 그렇다면 좋은 직업이란? 좋은 직장이란?

첫째, 좋은 직업은 수입이 많아야 한다.

직업이 무슨 자선 사업은 아니니까 그 일이 아무리 성스러운 일이라도 수입 나쁘면 말이 아니다. 최근 투잡이 유행이다. 컴퓨터 한 대로 월급만큼 번다는 투잡, 퇴근 후 3시간쯤 일할 수 있다는 투잡이 뜨는 것도, 물어볼 필요 없이 수입 때문이 아니겠는가?

샐러리맨이 투잡으로 월급 외에 2-3백만 원 정도 번다면 과히 나쁘지는 않을 듯. 수입이 많아야 좋은 직장이라는 소리에 이견 달 샐러리맨은 없을 것이다.

둘째, 좋은 직업은 보람이 있어야 한다.

수입만 좋다고 다 좋은 직업은 아니다. 보람이 없으면 수입이 아무리 많아도 절대로 좋은 직업이 아니다. 월 수입은 약 천만 원이 넘는데 직업은 국제 필로폰조직 또는 매춘조직 동남아시아 지역 판매원이라면 이건 진짜 고발해야 할 직업이지, 아니 이건 직업도 아니다. 범죄다.

한편 만약 재직 중인 회사가 '갑'질이나 하는 회사, 사장이 여직원에게 성추행하는 회사라면 그 회사는 수입은 좋을지 몰라도 보람은 없다.

셋째, 좋은 직업은 재미가 있어야 한다.

넷샐 네티즌과 샐러리맨의 준말로 이건 필자가 만들어낸 말이다은 재미가 없으면 죽고도 못 산다. 아니 죽고도 못 죽는다. 공부도 재미없으면 안 하지만 섹스도 감미로움이나 말초신경의 쾌감까지도, 재미없으면 하다가도 중도에 그만둔다는 것이 넷샐이니까.


## 지금 다니는 회사, 좋은 회사 만들기에 앞장서라!

수입, 보람, 재미. 이 세 가지가 구비된 직업이 좋은 직업이고 이 세 가지를 다 구비한 회사라면 일단은 좋은 회사다.

수입은 좋은데 회사가 갑질이나 하고, 여직원은 결혼하면 나가라고 하고, 돈 생기는 일이라면 최순실하고 법을 어기는 것도 사양치 않는 회사라면 절대로 좋은 회사는 아닐 것이다. 그러니까 수입만 좋다고 좋은 회사는 아니다.

수입은 좋은데 오너 일가들이 머리채 부여잡고 싸움질이나 하고, 형제간에 또는 부자간 재산 다툼에 소송도 불사하는 회사라면 그 회사를 우리는 좋은 회사라고 부르진 않을 것이다. 왜 그런지는 스스로 생각하기 바란다.

그러나 이런 식으로 따지면 좋은 회사 고르기는 참 어렵다. 물론 최근에 이 3가지를 갖춘 회사들이 생겨나고 있다고는 하지만, 쉽게 만날 수 있는 건 아니다. 단 좋아하는 회사를 무리하게, 일부러, 고생하며 찾으려 하지 말고, 지금 하고 있는 일을 좋아하라. 지금 다니는 회사를 좋아하라.

좋지 않으면 좋도록 만들라.

동료들과도 상의해서 '우리 회사 좋은 회사 만들기 프로젝트' 같은 것을 가동시켜 보라. 그리고 사실은 일하기 좋은 회사가 좋은 회사 아닌가? 자기 발전을 꾀할 수 있고. 그것이 요즘 같은 대규모 대량 실업시대에 좋은 직업을 찾는 방법이고 직장 잃지 않는 방법이다.

일자리가 줄어드는 시대이다. 좋은 회사 찾아다니기보다는 지금 다니는 회사를 좋은 회사로 만들어 놓는 것은 어떤가?

# 부자 되기를
# 포기하는 건 자유지만
# 부자 되는 비결은 알아야

## 돈이 앞을 막으면 추억도 못 만든다

돈은 역시 인생의 중심인가?

해가 바뀌고 새해가 되어 신년지계를 세우면서 돈에 관한 목표를 안 세우는 사람은 드물다. 직장생활을 하는 것, 원수처럼 욕지거리를 하며 싸우는 경우도 있는데 대부분이 돈 문제다.

죄를 지어 구치소나 교도소에 다녀온 사람 가운데 90% 이상이 돈과 관련되어 있다고 한다. 고생을 하고 자랐다, 호강을 하고 자랐다, 상류 10%에 들어가는 것도 경제적 조건과 관계가 있다.

돈이 인생 최고의 목표는 아니겠지만 적어도 인생 6대 목표 가운데 하나인 것만은 분명하다.

## 인생 6대 목표란 무엇인가?

가정 관련, 건강 관련, 경제 관련, 정신 영역 관련독서 등 교육과 관련된, 사회문화적인 면문화적인 모임이나, 학교 동창회 등, 영혼 관련종교적인 것의 문제 등 6가지이다.

돈이 인생 최고의 가치는 물론 아니지만, 경제적 여유가 없으면 삶의 질을 높이기도 힘들다. 꼭 갖고 싶거나 꼭 하고 싶은 것이 있어도 돈 문제가 앞을 가로막으면 아무 것도 안 된다. 정치를 하는 데 돈이 드는 것은 당연하고 추억을 만드는 데도 돈이 든다.

돈이 없으면 리더십을 상실한다.

경제능력이 따라주지 않으면 자식에 대한 부모의 리더십도 발휘되기 어렵다고 말하는 사람이 점점 늘어가고 있다. 즉, 돈이 있어야 좋은 부모노릇도 한다는 속설을 인정치 않는 부모는 자본주의 사회에는 없다.


## 무지무지 돈 버는 무지무지 귀중한 충고

필자는 운이 무지무지 좋았다.

돈을 아주 무지무지 많이 벌지는 못했지만, 돈이 무지무지 많은 재벌 총수를 많이 만났으니까 운이 좋았던 거다. 60년대에 정부가 지정한 30대 재벌 그룹 총수의 대부분을, 70, 80, 90년대에 만날 수 있었으니까.

60년대에는 기자로서 만났고, 80년대부터는 필자가 발행한 직장인 성공학 잡지 월간 '직장인'의 표지 모델을 재벌 총수로 해서 인터뷰를 할 때 만났다.

또 필자가 MC를 맡았던 많은 TV프로에서 인터뷰를 한 재벌들을 그냥 지나치기가 아쉬워서 일부러 부탁을 하기도 했다.

"부자 되는 법 딱 한 가지만 가르쳐 주세요!"

부탁을 받은 총수들은, 대개 웃으면서 충고를 해주었다. 싫다고 거절한 분은 한 분도 없었다. 그렇게 해서 받은 충고들을 분석한 결과 돈을 많이 버는 데는 세 가지 비결이 있다는 결론을 얻었다.

그들이 귀띔하는 부자 되는 법 3가지는, 모든 사람에게 거의 인생 전반에 걸친 귀중한 충고가 된다. 그들도 젊은 시절 대부분 직장인이었다. 그래서 직장인들은 귀담아들을 만한 내용이었다. 그 비결 세 가지는 이렇다.

## 첫째가 수입 내 지출이다

지출이 수입을 1원이라도 초과하거든, 정신 바짝 차려야 한다는 것이다. 심한 분은, 그런 경우 먹지도 입지도 말라는 충고를 했다. 먹고 입는 것이 풍족해도 수입 내 지출이 이루어질 때까지는 지출이 수입을 1원이라도 초과해서는 안 되는 것이다.

둘째가 수입의 10% 이상을 무조건 저축하라.

쓰고 나서 저축은 아무 의미가 없고 소용도 없다. 또 젊어서는 쓰면 그만이지, 쓰고 남을 것도 없다. 그러니까 저축은 쓰기 전에 하라는 거다.

돈이 생기거든어떻게 해서 생긴 돈이건 무조건 10% 이상을 저축해 놓으라는 것이다. 필자가 만난 재벌 총수님 가운데는 직장인 시절 매월 50%씩을 저축하느라고 건강을 해친 경우도 있었다.

셋째 무슨 일을 하든지 1등을 노리라.

어떤 일에서든 평범해 가지고는 부자가 못 된다. 남들과 같아서는 남들보다 잘살 수도 없고 잘될 수도 없다. 언제나 자기 분야에서 1등을 노리고 경쟁자가 많다고 해도, 최소한 10% 내에 들어가야 한다.

이 세 가지를 10년만 실천하면 틀림없이 부자가 된다. 그분들을 만난 후에 필자는, 그분들의 충고가 하나도 헛되지 않음을 인생의 모든 부문에서 실제로 발견하기도 하고 경험도 했다.

돈과 관련된 목표를 세웠거든, 그 목표에 반드시 이 세 가지를 액션플랜으로 추가하라. 그렇게만 되면 재벌의 딸과 결혼해서 인생 세탁하려고 애 쓸 필요가 없어진다. 내 인생 내 스스로 부자가 되게 된다.

## 좋아한단 마음도 잘못 표현되면

그날 아침 H는 뜻밖의 한마디로 부장 아저씨를 난처하게 했다. 부장이 출근하자마자 "부장님은 눈이 아주 예리하고 날카로우세요. 어젯밤 TV에 나온 아마존 강의 뱀눈 같아요."

썰렁해진 분위기를 느끼고 아차 했을 때는 이미 엎질러진 물. 그 후 부장은 H를 좋아하지 않는 것 같았다. 자기 때문에 별명이 '뱀눈' 또는 '독사눈'이 되었으니 어떻게 좋아하겠는가, 라는 것이 H의 선입견.

H는 그러나 부장을 좋아하고 있었다. 부장의 흔치 않은 유머감각을 좋아하고, 잘못이 있어도 넌지시 일러주는 그의 리더십을 좋아했다. 그래서 자기가 부장을 좋아한다는 메시지를 전하려고 했던 것이, 마음만 앞섰지 뜻밖의 실수로 뱀눈으로 삐져나간 것이다.

이럴 경우 정말 본인은 안타깝다. 칭찬이라고 던진 것이 뜻밖의 결과를 가져왔으니 난처하기가 이만저만이 아닐 것이다. 그러나 자신이 칭찬을 하겠다는 마음가짐, 즉 '칭찬하는 직장인이 되겠다'는 마음가짐만 있으면 만회하기는 어렵지 않다.

그래서 어떻게든 만회해 보려고 며칠 후 또 한 건을 했다.

어느 날 부장이 출근하자마자 외마디 비명을 질렀다.

"아차, 핸드폰을 집에 두고 왔네."

H는 기다렸다는 듯이 한 걸음 앞으로 나섰다.

"건망증이 심하다는 것도 좋은 겁니다. 부장님은 건망증 있으시니까, 뱀눈에 대해선 이미 잊어버리셨죠?" 하는 바람에 폭소가 터졌다.

이때 부장의 유머감각도 발동했다.

"아, 나는 핸드폰이나 내 이름을 잊어버려도 뱀눈은 안 잊어버린다!"

그 소리에 또 폭소가 터졌지만 H는 눈물을 쏟을 뻔했다. 부장이 결코 자기를 싫어하지는 않는구나, 안심하게 된 것이다. H는 사실 부장을 좋아하고 있었지만, 좋아한다는 마음의 표시가 자꾸 어긋나는 데 대해 불안해하고 있었던 것.

직장인에게는 이런 경우가 언제 어디서나 발생할 수 있다. 이런 경우 나쁜 결과를 가져오지 않으려면, 항상 칭찬의 말씀을 준비해야 하고, 상대방을 칭찬할 수 있도록, 상대방의 장점을 파악해 두어야 한다.

## 칭찬의 말씀 50개가 필요한 이유

여기서 K가 잘했다 못했다 평가는 하지 말자.

K는 다만 아직 젊어서 인간관계에 숙련이 안 되어서 그렇지 누구에게나 칭찬을 해주려고 애쓰는 사람이다. 그러나 친절하고 싶은 마음은 간절한데도 칭찬이 뜻대로 안 되는 경우는 누구나 체험했을 것이다. 그 이유는 이렇다.

첫째, 칭찬의 말씀을 준비하지 못했을 때 엉겁결에 나오는 칭찬이 실수를 유발한다. 필자가 직장인들에게 보내는 메시지는 한결같다. 하루 한 번 이상 직장인에게 권유하고 싶은 것이 있다. '칭찬의 말씀 50개를 준비하라'이다. 준비된 칭찬으로 인간관계를 혁명적으로 개선하라.

둘째, 진심이 없는 칭찬은 엉망이 된다. 칭찬은 상대가 누구든 가리지 말고 오직 진심을 얹어서 던져야 스트라이크가 된다. 진심이 전혀 개입하지 않은 칭찬, 칭찬을 하라니까 사전 준비 없이 허겁지겁 던지는 칭찬은 놀리는 소리로 들릴 수도 있다.

셋째 칭찬의 말씀을 만들어 놓았어도 연습이 부족하면 적시타가 나오지 않는다. 칭찬의 말씀을 만들었거든 매일 칭찬하라. 한 사람에게 하루 다섯 번씩 세 사람을 칭찬하라. 칭찬 콘테스트에 나가도 손색없게 될 것이다.

## 칭찬의 수학, 칭찬의 마술

칭찬은 사람을 바꿔 놓는다.

칭찬은 잘만 하면, 칭찬하는 사람이나 칭찬받는 사람의 인생 자체를 바꿔 놓을 수 있는 위대한 힘을 지닌 마법魔法의 언어다. 초면이건 구면이건 따지지 말고 만나자마자 칭찬을 퍼부을 수 있어야 한다.

새로 사귀고 싶은 여친이건, 설렁탕집 아저씨건 칭찬해 줘서 싫다는 사람은 지구상에 살지 않는다. 맞선 볼 때도 엉거주춤 두루뭉술 칭찬할까 말까보다는, 상대를 만나자마자, 옳지 잘 만났다 하는 기분으로, 냅다 칭찬부터 발사해놓고 보는 것이다.

칭찬은 사람을 바꿔 놓는다. 나를 싫어하는 사람도 한 번에 세 가지 정도의 칭찬을 다섯 번만 던지면 나를 좋아하는 사람으로 변한다. 그런 변화를 보는 것은 정말 쾌감이다.

칭찬에는 공짜가 없다. 칭찬은 항상 메아리를 불러온다. 그것도 그냥 메아리가 아니라, 10의 칭찬을 보내면 30이나 50의 효과로 되돌아온다. 칭찬의 수학數學이고, 숫자로 표시할 수도 없는 칭찬의 마술이다.

특히 내가 칭찬함으로써 내게 호감을 보일, 또는 좋은 반대급부를 가져올 사람……. 예를 들면 거래처 부장님이나, 거래 은행의 지점장 같은 경우는, 칭찬의 대가가 반드시 내게로 되돌아온다.

술값이나 밥값 쏘는 데는 돈이 들어서 걱정이지만, 칭찬 발사하는 데는 돈이 안 들어서 좋고, 힘도 안 든다. 물론 땀도 안 난다. 때로는 돈을 쏜 것보다 더 좋은 효과가 생기니 더욱 좋다.

칭찬은 상대를 지지하는 언어 행위다. 얼굴까지 웃으며 실감 있게 칭찬을 쏘면 더 효과적이다. 좋아하는 사람과 잘 지내는 것은 바보도 한다.

싫은 사람에게도 만나자마자 따귀를 때리듯 칭찬을 때리라. 싫은 사람만 골라서 칭찬해 보라. 주변에서 싫은 사람이 점점 줄어들 것이다.

그러나 칭찬은 마음 먹는다고 다 되지는 않는다. 그래서 연습이 필요하다. 가까운 사람들을 칭찬 상대로 정하라. 어머니나 아버지, 또는 여자 친구나 남자 친구도 좋다.

가족들이라면 아침에 일어나자마자 한 번 칭찬, 저녁에 귀가해서 한 번, 잠들기 전에 한 번 칭찬……그러면 그 칭찬이 입에 오른다.

하루 다섯 명 이상<sup>가족도 포함해서</sup>을, 하루 세 번 이상 칭찬하면, 3개월내에 칭찬 도사로 등극한다.

# 부도 난
# 아버지의 불행과
# 부도집 아들의 다행

## 김수현 드라마 '내 사랑 누굴까'의 추억

김수현 드라마 가운데 '내 사랑 누굴까'가 있다. 2002년에 방영된 김수현의 '내 사랑 누굴까'는 김수현의 다른 드라마들과 마찬가지로, 프로가 방송되던 골든 시간대를 휘어잡았다.

> "김수현 드라마 가운데 막장드라마는 없다. 사랑과 갈등과, 특히 3대가 사는 대가족들의 얘기는 김수현 드라마의 매력이다. 감각적인 필치로 젊음의 사랑은 물론, 부모 세대의 갈등과 고민 등이 멀티플하게 얽혀 돌아가는 데에 김수현 드라마의 마력이 있다"

> – 최근까지 방송기자들이 김수현 드라마를 평하는 코멘트다.

'내 사랑 누굴까'는 김수현의 전매특허인 감각적이고 튀는 대사와 함께 시청률 톱이었다. 그래서 50회로 끝날 예정이던 것이 100회로 연장되어 '김수현표 매직 드라마'라는 소리까지 들었던 명품드라마였다.

'그 시간이 되면 죽은 시체도 벌떡 일어나 TV 수상기 앞에 앉는다'는 김수현 드라마의 마술성에 애어른 할 것 없이, '내 사랑 누굴까'에 빠졌던 21세기 초장 무렵의 젊은 풍속도.

'내 사랑 누굴까'에서 여주인공 하나<sup>이태란</sup> 분를 좋아하여 따라다니는 호섭은 사업가인 아버지가 부도를 낸 '부도집 아들'이다.

에고이스트 소리를 들을 정도로 솔직해 보이는 하나는, 진짜 자기가 좋아하는 남자가 따로 있으면서도 자기를 짝사랑하는 호섭과 한동안 찢어지지도 못한 채 끌려간다. 찢어지자고 하면 호섭이 "아, 그러니까 우리 아버지가 부도났다 해서 네가 나랑 찢어지자 이거지!" 이럴까 봐 찢지 못해 괴로워했던 하나다.

이상은 드라마 얘기이고 실제로 아버지가 부도나서, 주저앉고 싶은 괴로운 젊음들이 우리 시대에 의외로 많다.


## 아들이 절대로 부도나지 않을 비결을…….

그 당시 어느 리셉션에서 만난 고 남덕우 전 총리가 부도 난 사업가에 대해 한 언급이 지금도 기억난다. 필자가 MC를 보던 프로에 함께 출연도 했던 남 전 총리는 그날 만찬장 스피치에서 기업의 부도에 대해서 언급했다. 꼭 필자를 위로하기 위해 한 소리처럼 들리기도 했다.

"요즘 경기가 나빠 기업들이 부도가 많이 납니다. 요즘은 한 집 걸러 부도 납니다. 부도 난 사업가들, 심각하게 생각지 말고, 툭툭 털고 다시 일어나세요."

한 시절 우리나라 경제의 한 축을 담당했던 남 전 총리를 추억하는 것은, 부도가 나서 주저앉은 기업인과 그 아들에게 주저앉지 말란 소리를 하고 싶어서이다.

대학시절에 아버지가 부도난 젊은 직장인 Y 역시 '부도집 아들'답게 젊음을 보냈다. 아버지의 실패와 절망이 가슴에 못을 박아 주저앉고만 싶은 나날을 졸업할 때까지 술로 버텼다. 대학시절, 아버지가 잘나가던 당시, 별 걱정 없던 형이나 누나와는 달리, Y는 아버지 사업의 실패로 스키 한 번 못 타 보고 대학을 졸업했다. 여자 친구와의 가슴 아픈 이별도 겪었다. 실의와 좌절을 분노와 폭음과 주먹질로 달래기도 했다.

재기해서 겨우 활동하고 있는 그의 선버<sub>학교 선배 겸 아버지</sub>는 아들을 누구보다 잘 이해하고 있다. 또 미안해하고 있다. 아들의 폭음, 가끔 술자리 끝에 벌이는 거친 싸움질 등을 그의 선버는, 가슴 아파하며 이해하고 있다. 자기의 부도가 아들에게 여자와의 이별, 폭음, 주정의 원인제공을 했다고 믿고 있는 것이다.

거의 모든 부도집 아들들이 다 그렇게 젊음을 보낸다고 보면 틀림없다. 아버지의 부도 여파가 하도 세서 주저앉는 부도집 아들도 많다.

그의 아들 Y는 뛰어나게 공부를 잘해서 특별히 과외공부나 밤공부에 매진하지 않고도 일류대학에 합격했다.

그러나 "이게 무슨 일류대학이야? 한국 내에서만 좀 나은 대학이지." 해서 같은 대학 출신인 선버선버는 Y가 '대학 선배인 아버지'를 줄여서 부르는 명칭이다를 서운하게도 했다.

직장인이 되고도 Y의 방황은 끝나지 않았지만, 어디고 시험만 치면 합격하는 능력 있는 젊은 엘리트였다. 뛰어난 두뇌의 소유자였고 창의적인 업무 스타일로, 갓 취직한 직장에서 돋보이는 존재가 되기도 했다. 4개 국어를 구사해서 글로벌 스탠다드에도 결격사항이 없었다.

그런데도 밤이 되면 '부도집 아들 티'를 벗지 못했다. 대학시절보다는 좀 나아졌지만, 어둠이 내리면 마셨고, 마시면 부딪치고, 여친과 찢어지기도 여러 번. 부도를 내고 유독성 폐기물처럼 팽개쳐진 선버의 인생 – 그 힘 빠지고 힘들고 외로운, 개고생하는 선버의 나날을 Y는 눈물겹게 지켜보았다.

Y는 그러나 한 가지는 안심이다. 선버로부터 받은 큰 선물이 있으니까. 선버로부터 받은, 값으로 따지기조차 힘든 선물이 있으니까. 선버의 실패와 시련이 Y의 반면교사이니까. 그의 선버가 아들에게 준 것이 있다면 바로 그것 하나. Y는 장차 절대로 부도나지 않으리라는 선물 말이다.

대한민국에는 Y 같은 직장인이 너무 많아 걱정이다. 그러나 Y를 비롯해서 아버지나 형이나 부도난 집안의 젊음들은, 그러나 시련에서 배우라. 아버지가 부도나지 않았다면 실패라는 것을 어떻게 배웠으랴? 고 생각하는 것이 미안해하는 아버지에 대한 예의다. 그리고 장차 절대로 부도날 일 없으니, 인생의 가장 큰 예방주사를 미리 맞은 셈 아닌가?

Y는 그 후 맨손으로 사업을 시작, 이리 부대끼고 저리 부대끼며, 지금은 중소기업 CEO로 힘차게 성장하고 있다.

# 창고로 발령 난 직장인을 축하해야 되는 이유

## 사표에 얹어 보여주고 싶은 것

U는 사표를 내고 싶다는 카톡을 보내왔다. 어느 시절이나, 어느 나라에나, 어느 회사에나 사표 쓰고 싶은 직장인은 쌔고 쌨다. 잘나서 사표 쓰는 직장인도 있고, 과히 잘나지 않아서 사표 쓰는 직장인도 있다.

U에게 "왕년에 해마다 사표 한두 번 안 써본 놈 있냐?"라고 면박이라도 주고 싶었는데, 그 면박 때문에 사표를 쓴다면, 필자가 보낸 카톡이 도의적 책임을 져야 할 것 같아서 이유나 들어보기로 했다.

U는 5년 차 직장인이다. 성격이 모난 데가 없고 부들부들해서 '짜증 난다'고 사표 쓰거나 그럴 타입은 아니다.

그와의 컨설팅 쪽지를 공개한다.

*현재 직책 = 사보 제작 담당<sup>필자가 몇 년 동안 사보 콘테스트 심사위원장을</sup>

했던 인연으로 그를 알게 된 것.

*미혼에 여자 친구는 있는 듯 마는 듯<sup>밤에 만나는 여자 친구가 없으면, 아</sup>

예 없다고 생각하는 듯함.

*학력=소위 일류대학 경영학과 출신

*사표 내는 이유=노른자위 같은 일을 하고 싶다.


노른자위 같은 일이 무슨 일이냐고 물었다. 당초에 U는 영업사원

이었다. 회사의 수입과 직결된 일을 하고 있을 때는 보람도 느꼈다.

그런데 경영학과 출신에게 사보를 하라고 하니, 전공도 다르고 나를

우습게 아는 것 같다. 내가 우습지 않은 인물이라는 것을 사표에 얹

어서 보여주고 싶다는 것이 그의 호연지기였다.


## 창고는 자세히 보면 금고다

"거 왜 달걀에는 노른자위가 하나뿐이지?"

직장에서 자기는 노른자위 같은 일을 하고 싶다는 직장인을 만날

때마다 필자는 이렇게 투덜거리듯 대꾸한다. 전국의 모든 직장인이

다 노른자위 같은 일만 하고 싶단다. 사실이 그렇다. 그 요구조건을

다 충족시키려면 달걀 하나에 노른자위가 365개는 돼야 하는데, 그

런 달걀도 있나?

어쨌든 노른자위 같은 일이란, 여자로 따지면 가슴이거나 입술이

거나 감도가 좋은 부위를 뜻할 것이다. 손톱이거나 발톱에 해당되는 부분을 여자의 노른자위라고 할 이유는 없으니까. 그러나 노른자위에 도달하려면 싫어도 흰 자위를 거쳐야 한다. 통과의례다.

지금 하고 있는 일의 의미를 찾아내면 일이 쉬워지고 마음이 편해진다. 지금의 일이 회사에서 가장 중요한 일이라고 생각하라.

창고를 담당하랬더니 사표 쓴 직장인이 있다. 그 친구가 모르는 거!


## 창고는 금고다

창고는 금고다, 라는 말은 전적으로 필자의 창안이다. 진짜다.

'창고는 금고다'라는 제목으로 강의를 다닐 정도로, '창고는 금고다'는 한때 직장인 사이에서 유행되기도 했다.

U뿐만 아니라 많은 기업의 사보 담당자들은 대개 물먹고 있다고 생각한다. 사보를 형식적으로 내는 회사일수록 그렇다. 다달이 내는 사보에 다달이 사장 얼굴이 맨 앞에 나오는 촌스런 사보맨의 대부분이 노른자위를 그리워한다.

하지만 사보는 사내 언론이고 매스컴이고 커뮤니케이션 수단이다. 마음만 먹으면 경영개혁도 할 수 있는 것이 사보다.

U는 지금 하고 있는 그 일, 그 사보 편집을 하는 일이 회사의 많은 일 중에 가장 중요한 일임을 잊지 말라. 그 일이 바로 노른자위다. 어느 회사든 사보 담당자가 핵심 일을 하고 있는 것이다.

필자는 인터넷 신문 '여원뉴스'를 경영하면서, '직장인 기자' 모집을 한 일이 있다. 직장인 기자는, 자기 직장의 일, 주로 회사 자랑이나 회사 상품 자랑 같은 것을 기사로 '여원뉴스'에 보내는 일을 한다.

U가 회사의 사보 담당자로서 하는 일이 바로 '여원뉴스'의 직장인 기자가 하는 일과 비슷하다. 그만큼 회사를 드날리는 일이다. 회사 홍보의 키를 쥐고 있는, 그러니까 회사의 키맨이 되는 것이다.

자세히 보면 창고가 금고다.

자세히 보면 사보 편집이 그 회사의 노른자위다.

자세히 보면 회사에서 직장인이 하는 어떤 일도, 다 노른자위다. 그러니까 직장인은 자기 회사에서 노른자위 역할을 하고 있는 것이다.

자신이 노른자위임을 인식하고, 그 자리에서 할 일을 찾아내는 직장인이 결국은 성공하는 것이다.

꼭 사보가 아니라도 좋다. 지금 자기가 하고 있는 일의 중요성을 파악하라. 그렇지 못하면 보기 좋은 성공은커녕, 새치기 성공이나 반칙 성공도 절대로 불가능하다.

지금 자기가 하는 일을 우습게 여기지 말라. 흰자위라도 자위하라는 뜻이 아니라, 자기의 일을 우습게 아는 직장인은 언젠가는 그 일마저 없어져, 일용할 양식을 위해 싸워야 될지 모른다.

# 성공할 직장인이 절대로 하면 안 되는 10가지

## 세상 모든 직장인에게 행복하냐고 묻는다면…

직장인의 하루를 들여다보자. 직장인의 연봉을 따져보자. 그런 걸 안 따지더라도 직장생활이 장그래가 설왕설래하던 TV 드라마 '미생'만큼 재미있다면 직장인들은 모두 행복할까?

이 질문에 선뜻 예스라고 대답하기 곤란하다면, 바로 곤란하다는 그 점에 직장생활의 곤란함이 있다고 보인다.

직장인 누구에게나 빛과 그림자는 존재한다. '미생'은 물론이고 직장인을 주제로 한 다른 드라마나 영화를 봐도 직장생활이 재미없다는 사실에는 변함이 없다. 전 세계 직장인 모두가 행복하냐고 물으면 선뜻 예스라고 대답하기 곤란하다고 말한다.

"직장인은 백수 되기도 쉽고 백수가 다시 직장인 되기도 쉽다, 마음만 먹으면 자신의 사회적 지위를 직장인으로도, 백수로도 얼마든지 바꿀 수 있다."라고 믿던 5년 차 R은 학교 다닐 때부터 수재였다.

학창시절에도 직장생활에도 막힘이 없었다. 너무 막힘이 없어서 인지 자신만만한 R은 기분 나쁜 과장 아저씨 마음에 안 든다고 사표 내는 데도 막힘이 없었다.

2년간 다니던 직장에 사표를 던질 때는 호연지기를 내뿜었는데, 1년 넘게 백수로 지내다 보니 겁이 덜컥 났다고 한다. 그러다가 현재 직장에 재취업을 하고는 사람이 좀 신중해지는 것 같기도 하다. 이번에는 꾹 참고 견디면서 자신을 단련하고 키우겠다고 R은 제법 기특한 소리를 하고 있다.

어떤 직장이든, 직장이 있다는 사실만으로도 총각파티에 참여할 때처럼 싱글싱글 웃을 수 있는 것 아니냐고 R은 덧붙인다. 철이 좀 났다는 얘기 같다. 우리나라 직장인 4명 가운데 1명은 복권 대박을 꿈꾸고 있고그러나 피박만 터지는 것이 복권이다, 직장인의 40%는 1년 안에 이직하고 싶다는 것이고, 직장인의 91%가 연봉에 불만을 품고 있고, 반 이상이 투잡을 원하고 있다는 것이 최근 몇 년간 취업관련 사이트가 직장인의 의식구조를 조사할 때마다 공통적으로 나타나는 이 나라 직장인 관련 통계의 일부이다.


**이 나라 20대의 25%가 백수라는 사실은⋯⋯.**

직장인의 대부분이 자신의 현실에 만족하지 못하고 있다는 사실을 이런 통계는 증명한다. 또한 현실에 불만인 직장인의 대부분이

상황을 뒤집기 위해 몸부림치고 있다는 증거이기도 하다.

또 자신의 직장을 마땅하다고 여기는 샐러리맨은 별로 없다. 연봉이 1억 이상이라면 좀 달라질 수도 있겠지만… 전 세계 어느 나라엘가도 직장인은 대개 자기 직장을 마땅찮게 여긴다.

그러나 그들이 시원치 않다고 여기는 그런 직장을, 그리운 눈동자로 쳐다보는 사람들도 없진 않다.

대한민국 20대의 25%가 넘는다는 청년백수들이 바로 그들이다. 즉 대한민국은 4명 중 1명꼴로 청년 백수가 사는 나라다. 그 백수들은 현직 직장인들이 별로라고 생각하는 그 회사를 그리워하고 있다.

## 인생은 비실비실하라고 있는 것은 아니다

어쩌자고 그런 김빠지는 소리를 서슴없이 하느냐고 상을 찡그릴 필요는 없다. 아마 이 나라의 청년백수는 날이 갈수록 늘면 늘었지 절대로 줄어들지는 않을 것이다.

주 5일 근무제가 시작될 때부터 조짐이 보이고 있었다. 재앙의 조짐이었다. 이미 그때 청년실업의 문제는 큰 걱정거리로 대두되고 있었다.

우리나라에서 뿐만이 아니라 미국을 비롯한 전 세계가 청년실업의 문제로 머리를 앓고 있다. 인간을 '장시간 노동'에서 구제했다는 컴퓨터가 인간들의 일자리를 빼앗기 시작한 것은, 우리나라의 경우

이미 90년대 말부터이다. 미국은 그보다 먼저 왔다.

그렇다면 시원치 않다고 여기는 현재의 직장일망정 없는 것보다는 낫다는 차선次善의 철학에 익숙해져야 한다. 그리고 차선이건 최선이건, 직장인으로 늙어가건 일찌감치 독립하여 창업을 하건 일단은 성공해 놓고 보아야 한다.

인생은 성공하라고 있다. 비실비실하라고 있는 인생이 아니다.

직장인인 이상, 무조건 성공해 놓고 보아야 한다. 성공하지 않은 직장인에게 변명할 기회는 그렇게 많지 않다. 그러나 성공하고 나면, 그 성공을 자랑할 기회는 얼마든지 있다. 그러기 위해서 가급적 하지 말아야 할, 아니 참아야 할 다음 10가지를 가슴 깊이 명심하기 바란다.

1) 죽는 날까지 아무도 씹지 말라, 씹으면 곱으로 씹힌다. 특히 회사나 CEO나 오너를 씹지 말라.

2) 오늘 일을 내일로 미루지 말라, 내일이 오기 전에 실패가 먼저 온다.

3) 목표 없이 출근하지 말라, 목표 달성 안 되었거든 퇴근도 하지 말라.

4) 젊어서 과욕·과식·과음, 과색하지 말라. 남보다 10년 먼저 늙는다.

5) 내 돈이 아닌 돈에 손대지 말라. 돈이 폭탄으로 변한다.

6) 자신 없는 일에 뛰어들지 말라. 자신 있는 일이 기다리고 있다.

7) 카드빚 지지 말라. 나머지 인생이 채무변제기간으로 둔갑한다.

8) 인생을 연애강조 기간으로 보내려 하지 말라. 일할 시간 다 날아간다.

9) 부모가 돌아간 다음에 가슴 아플 만한 일을 하지 말라. 자식이 그대로 보고 있다.

10) 시간을 엿으로 알지 말라. 시간은 저축할 수 없고 모자란다고 꿀 수도 없다.

　위의 10가지만 지킬 수 있다면 직장인의 성공은 보장된다. 그러나 이런 얘기가 마음에 들긴 들어도 실천하기가 어렵다는 떡 같은 생각을 하는 직장인이라면, 지금부터 10분에 1천 번짜리 갈약끈동 시이작!

# 'No Money, No Honey!'에 쫄지 않으면 청춘불패

## 매일 아침 성공을 시뮬레이션 하라

사랑에 있어서도 일에 있어서도, '나 지금 패배하고 있니?'를 자문 자답하는 직장인이 의외로 많다.

60-70년대의 직장인이 그랬다면 이해가 간다. 그때는 현실에 실망하기보다 미래에 절망하고 있었으니까. 아니 도대체 미래라는 것이 존재하지 않았다. 구호물자에 의존하는 경제상황 속에서, 그것을 빌미로 억압정치를 하고 있는 군발들의 시대에 절망은 당연한 필수 과목이었다.

세일즈맨의 죽음이 아니라 샐러리맨의 죽음도 구경하기 쉽던 시대. 회사에서 쫓겨나는 것이 샐러리맨의 죽음 아닌가? 지금도 샐러리맨의 죽음을 구경하기 쉽지만 그때하고는 질이 다르다.

유행가조로 말하면 '돈도 사랑도 명예도 없다'는 시대.

'No Money, No Honey'의 시대.

절망이나 패배감은 당연하지 않겠는가?

직장인의 성공과 실패가 빛과 그림자처럼 확연히 구분되던 시대. 거의 모든 직장인이 그때는 나 지금 패배하고 있구나, 라는 의식 속에서 괴로워했다. 미래가 없음은 물론 본받을 역할모델도 없는 시대 직장인의 우울한 얘기다.

그런데 지금은 어떤가? 국민 1인당 GNP 2만 불 시대가 왜 이렇게 오래 가느냐고 짜증을 낼 만큼은 되었다. 국제적인 불경기가 엥겔지수를 6년 내 최고로 높여놓긴 했지만, 그래도 직장이 있는 한 절망하지 않아도 된다.

그런데도 희망이 없다, 앞이 안 보인다, 비전이 없다 등등 직장인들이 모이기만 하면, 소주 한잔 마셨다 하면 퍼붓는 푸념 속엔 엄살이 그득하다.

직장에 대한, 사장에 대한, 상사에 대한… "아, 정말 못 견디겠어!!"를 연발한다.

밥맛 없는 차장 아저씨, 부장 아저씨, 눈치만 남은 이사 아저씨, 그 위의 사장, 궁극적으로는 회사… 모두가 오징어들이다. 씹을수록 맛이 나는 오징어들.

'샐러리맨 초한지', '미생' 등 샐러리맨 연속극이 인기가 있는 이유는, 그 속에 샐러리맨인 내가 있기 때문이다.

## 직장을, 그리고 성공을 우습게 보지 말라

그러나 잊으면 안 된다. 직장은 씹을 대상이 아니고, 함께 그 안에서 이룩해야 할 직장인의 본가本家다. 이런 시대에는 직장이 직장인의 유일한 희망이다. 직장인에게 직장 말고 다른 희망 있으면 말해 보라. 그런 뜻에서 자기의 직장과, 일과, 동료와, 상사와 사장을 사랑해야 한다.

그들을 사랑하는 것 이상으로 성공을 사랑하라. 샐러리맨으로서의 성공은 피할 수 없는 목표가 되어야 한다.

매일 아침 성공을 시뮬레이션 하라. 매일 아침 성공을 계획하고 집을 나서라. 그리고 그 계획을 매일매일 실천하는 과정에서 역전승도 이루어진다.

성공을 못 해본 사람에게는 성공은 우스워 보이기도 한다. 아니 일부러 성공을 우습게 보는 척하면서 성공 못 한 콤플렉스를 해소하려는 친구들도 없진 않다.

젊은 직장인이 가장 경계해야 할 것은, 성공을 무슨 돈내기 고스톱이나 테트리스 게임에서 얻은 부수입처럼 하찮게 생각하는 성공 경시 사상이다.

성공 경시 사상은 인명 경시 사상이나 섹스 경시 사상 이상으로 젊은 직장인의 인격과 장래를 흠집 낼 수도 있다.

## 직장은 값진 수련기관, 인내심 강조기관, 희로애락 컨트롤 타워

직장인이 성공을 우습게 아는 것은 위험한 사상이다. 성공을 우습게 아는 것은 바로 자기 자신을 우습게 아는 것과 같다.

허긴 직업에 대한 생각이 점점 평범해지고 왜소해지는 경향이 없는 것은 아니다. 심지어 어느 초등학생에게 장래 희망이 뭐냐고 물으니 '7급 공무원'이라고 적었다는 얘기가 있다. 7급 공무원을 우습게 본다는 얘기가 아니라, 꿈의 크기가 어려서부터 왜소하면 직업관도 왜소해질까, 걱정돼서 하는 소리다.

자신의 적성과 꿈을 향해 도전하기보다는 안정적인 공무원 혹은 공기업을 선호하는 현상은 취업난과 불황이 장기화할수록 심화될 전망이다.

성공을 우습게 아는 나머지 불평분자가 되는 수도 있다. 대부분의 불평분자가 성공을 백안시한다. 겉으로는 말이다. 그러나 가슴 깊은 곳의 진실을 들여다보면, 그 역시 성공을 원하고 있다. 다만 뜻대로 그렇게 안 되니까 불평하는 것이다.


## 직장은 극복하고 견디고 참으라고 있다.

참을성 없는 사람에게 직장은 최고의 수련기관, 인내심 강조기관, 희로애락 컨트롤 타워다.

어떤 수련기관도 직장이 주는 것만큼 주지는 않는다.

자기의 직업을 통해, 직책을 통해 자기가 사는 사회에 기여하는 것에서 존재의 의미를 찾아라.

그래도 불평하고 싶거든 입으로는 하지 말라.

항문으로 하라.

입으로는 웃으며 그냥 갈약끈동 하라.

갈약끈동 하루 1천 번 이상.

그러면서 슈퍼 샐러리맨이 되라. 범띠 샐러리맨이 되라.

"직장은 절이나 교회처럼 마음 편한 곳은 아니다. 아니 절이나 교회도 얼마든지 마음 편치 않은 곳으로 변할 수 있다. 마음이 편하고 안 편하고는 나 하기 달렸다.

직장은, 교회보다 절보다 더 심오한 정신수양의 현장이고, 심오한 인내 철학의 실천장이다. 직장은 그래서, 절대로 우습게 보아서는 안되는 최고의 심신수련도장이다. 그 도장에서의 최고의 수련은 역시 갈약끈동! 지금부터 10분짜리 갈약끈동 시작!

# 성공은 어느 시대에나 유일하게 올바른 선택이다

성공은 재산과 명예와 힘의 상징인데 성공한 사람을 우습게 여기면 안 된다.

"나도 그 정도는 할 수 있다고, 그 사람이 먼저 했을 뿐이지 뭐!!"라고 가볍게 넘기려 들지 말자.

성공은 자본주의 사회에서 한마디로 재산과 명예와 힘의 상징이다. 낳고 키워주신 부모 은혜를 갚는 가장 빠른 길이요, 아내에게 사랑받는 방법이요, 자식들에게 큰 소리로 강조하지 않고도 성공의 실전 교육을 시킬 수 있는 것이 바로 직장인의 성공이다.

그리고 우리가 행복이라고 말하는 것이 사실은 그 성공 속에 거의 다 들어 있음을 우리가 안다.

아직도 성공한 사람을 백안시하려고 하는, 어디 흠잡을 구석은 없나 들여다보려 하고, 꼭 한마디씩 그 사람에 대한 비판적인 언급을 해야 자신이 성공에 대해 개념 있는 사람으로 보인다는 의식에 사로 잡혀 있는 사람도 없지 않다.

사촌이 땅을 사면 배가 아픈 이 위장병 증세는 개인적으로 그가 아직 성공을 향하여 발동이 걸리지 않았다는 증거라고 보아도 된다.

그리고 우리 사회에 80년대부터 모처럼 일기 시작한 성공의 열기를, '저 포도는 시다'는 식의 못마땅한 시선으로 눈 흘길 때, 그는 스스로 조금씩 성공의 대열에서 밀려나고 있음을 우리가 알아야 한다.

프로축구 선수도 따지고 보면 직장인이다. 연봉 받는다. 경기에 이기면 이길수록 연봉은 높아진다. 직장인이다.

거액의 연봉을 받던 왕년의 호나우도나 한국 축구의 희망 손흥민의 성공 역시 직장인의 성공이다. 호나우도를 비롯한 유명 선수들의 애인이 되는 세계적인 모델이나 연예인 등도, 사람을 따라왔다기보다는 성공을 따라온 것으로 보아도 된다.

개인적으로 성공에 대한 발동이 안 걸린 사람은 아직 성공의 맛을 모르거나, 자기보다 늦게 성공해야 할 사람이 먼저 성공했기 때문에 울화통이 나서 그랬다고도 보여진다.

그러나 문제는 거기서 끝나지 않는다. 성공 사회의 이면에 반드시 도사리고 있는 성공한 사람들에 대한 질시와 선망을 구별하지 못하는 증세가 싹트기도 한다.

## 비정상적인 사회에선 성공도 비정상적일 수 있지만…

성공한 사람들을 무슨 부정행위를 저지른 사람 취급을 하던 시대로부터 이제 우리는 졸업을 해야 한다.

아니 사회 전체의 분위기는 성공지향적임에도 본인 혼자만, '난 그까짓 성공 우습게 안다! 왜? 안됐어?' 하는 사람이 아직도 남아 있다면 우리는 그를 위해 무엇을 해야 할 것인가?

유감스럽게도 직장인 가운데 그런 사람이 아직 남아 있음을 필자는 참으로 애석하게 생각하고 있다.

성공한 사람은 무슨 비정상적인 방법을 동원했으리라고 보는 사회적인 위장병 증세는 학교에서부터 고쳐져야 한다.

물론 사회가 비정상적인 시절, 그러니까 군사정권 같은 사회에서는 성공이 실력 아닌 것에 좌우될 수도 있기에, 성공에 대한 백안시도 가능했으리라 본다. 그러나 정상적인 사회에서의 성공은 정상적인 눈으로 보아야 한다.

성공은 학교에서 이론으로도 배울 수도 없고 부모에게서 잔소리로 배우기도 어렵다. 결국은 개인의 성공이 모여 국가 전체의 발전을 가져온다고 믿는 필자 같은 사람이 나서서 이런 소리나마 떠들지 않는다면 누가 이 사회에 성공의 뜻을 심으랴?


## 성공은 힘과 명예와 富를 선물한다

개인적 행복과 기업의 발전과 국가의 번영을 삼위일체로 보려는 것이 필자의 소견이다. 그 소견을 중심으로 80년대에 창간한 월간지가 바로 '직장인'이었다.

월간 '직장인'은 그 시대 직장인들 가슴에 성공의 불씨를 지피는 데 앞장섰다. 개인의 행복과, 기업의 발전과, 국가의 번영을 하나로 보려는 그 삼위일체 의식은 필자가 창안하여 그 시대 직장인의 가슴에서 가슴으로 전달된, 성공의 불꽃놀이이기도 했다.

이러한 의식이 전 사회의 덕목으로 될 때, 개인과 기업과 국가는 함께 발전한다. 그리고 그때 그 개인은 힘과 부富와 명예를 자신의 것으로 소유한다. 이 질문에 '나는 잘살고 싶지 않다, 왜? 어쩔래?' 하고 달려들 사람은 없다.

돈과 시간을 함부로 쓰고 있는 사람들에게 느끼는 답답함 역시 크다. 특히 그가 젊은이일 때 그 답답함은 더하다. 젊은 시절에 돈과 시간은 다만 자신의 미래 설계와, 성취에 쓰여야 한다. 만일 돈과 시간이 오직 심신의 쾌락만을 위해서 쓰인다면 이 사회가 그 젊은이에게 기대할 것은 아무것도 없다.

가능한 한 많은 책을, 특히 성공학 저서를 읽고, 가능한 한 성공한 사람과 자주 만나는 일에 자신의 돈과 시간이 쓰여야 한다. 그것이 성공으로 가는 길을 단축시키는 비결이다. 인생의 중요한 시기인 젊음을 어떻게 보내야 하느냐는 문제는 스스로 결정하지 않으면 안 된다.

성공하면, 그렇지 못한 사람들이 하고 싶어도 못 하는 일까지 다할 수 있다. 성공은 본인은 물론이고 가족의 사회적 지위까지 상승시킨다.

성공은 평범한 직장인에게 몇백 억, 몇천 억짜리 프로젝트를 완전히 맡기기도 한다. 성공은 사회적으로 경제적으로, 그가 하는 일의 스케일을 키운다. 성공하지 못한 사람이 꿈도 못 꿀 스케일 큰 일을 장악할 수 있다.

말하자면 성공한 사람은, 이 세상에서 자기가 할 수 있는, 사회적으로 뜻있는 일을 할 수 있는 사람이다.

# 인생은 담배 끊기다, 담배를 못 끊으면 아무것도 못 끊는다

## 담배 끊기는 21세기 패션이다

3년 차 직장인 A가 담배를 끊은 것은 참으로 사건이었다. 끊는 절차도 요란했다. 자기 방 도어에 어디서 구했는지 '금연' 팻말을 갖다 붙이고, 테이블에서 마주 바라다보이는 벽에 '금연쟁취'라고 노조원 같은 구호를 써 붙였다.

A는 사귀고 있는, 또 사귄 일이 있는, 그리고 앞으로 사귈 모든 여자에게도 통고문을 보냈다. 담배 끊는다고. 끊을 날짜까지 명시했다. 그리고는 그날까지는 만나지 말자고 선언했다. 여친들은 당황했으나, "담배는 끊을 수 있어도 여자는 못 끊을걸!!" 하며 웃었다고 한다.

21세기 최고 유행은 담배 끊기다. 담배 끊기는 그러니까 21세기 패션이다. 우리나라뿐 아니라 전 세계에서 금연이 유행되고 있고, 못 끊은 사람은 무슨 자격증 없는 사람 취급을 받기도 한다.

그의 아버지 A회장의 담배 끊기도 어지간히 시끄럽게 소문난 금연소동이었다.

담배 끊기를 선언한 A회장은 "만약 내가 다시 담배를 피운다면 너희들과 맞담배질을 하겠다"고 어린 자식들 앞에 맹세하고 각서 쓰고, 진짜로 끊었다. 독한 사람 소리도 들었다.

하루 4갑씩 30여 년을 피우던 담배를 끊은 그의 뛰어난 결단력은 사업에서도 그대로 발휘되어 마침내 동업계의 정상에 올랐다. 그런데 그 아들도 그렇게 요란한 식전 행사까지 하며 담배를 끊은 것이다.

재미있는 것은 A회장은, 아들 A의 끊기를 처음엔 믿지 않았다는 것이다.

담배를 끊고 중국 유학을 떠난 아들을 만나러 베이징까지 갔던 A회장은 아들이 진짜로 담배를 끊고, 대학 기숙사에서 금연에 의한 금단 현상에도 꿋꿋이 '금연쟁취'에 성공한 것을 보고 편지를 보낸다.


## 그러니까 인생의 모든 것이 담배 끊기다

"너는 아버지에게 혹독한 일면을 보여 주었다. 네가 담배를 끊는 것을 보면서 사실 아버지는 네게 서서히 안심해 가고 있었다. '해보자!'고 마음먹은 순간부터 다 해낼 때까지의 어려움을 너는 이겨냈다. 인간의 모든 것이 '담배 끊기'다. 우리는 매일 고독해야 하고, 항상 끊어야 하고, 쉬지 않고 결단을 내리는 속에서 살아가고 있다. 살을 에는 것 같은 고독조차 일상의 한 수순이라고 생각할 만한 듬직한

'일상성의 의지'가 필요하다. 네 끊기의 의지 말이다. 아버지는, 너라면 어떤 일도 능히 해내리라고 믿는다. 왜냐하면 너는 '끊은 사람'이니까. 아주 독하고 무서운 사람이니까."


여기서 A회장이 아들에게 아부하는 것이라고 생각지 말라.

담배 끊기는 사실 쉬운 일이 아니다. 직장인이 사표 내기보다, 혈기 들끓는 젊은 직장인이 여자 끊기보다 어렵다는 것이, 사표를 내보았거나 여자를 끊어본 직장인들의 고백이다.

최근 서울의 종로나 을지로 광화문 할 것 없이 빌딩가를 걸어 본 사람이면 알 것이다. 분명 그 근처 여기저기에 '금연'이라 써 붙인 그런 공공장소인데도, 무슨 죄스러운 일을 하는 사람들처럼 구석구석 모여서 담배 피우는 젊은 친구들을 볼 수 있다. 직장인들이다.

필자는 여러 차례 가던 길을 멈추고 그들과 대화를 나눈 적이 있다.

웃으며 호의적인 얼굴로 말을 걸면, 그들은 좀 겸연쩍어 하면서, "저도 담배가 나쁜 거 다 알아요. 끊으려고 하는데도 안 되니까 저도 답답하죠. 앞으로 끊을 겁니다." 하고 약속한 젊은 직장인이 하나둘이 아니다.

명함을 주고, 끊으면 소주 살 테니 연락하라고 한 친구가 거의 100여 명이 넘는데, 아직 전화 걸어 온 친구는 없다.

"대개 착한 사람들이 못 끊죠. 착한 사람은 마음도 약하거든요." 필자의 친구인 이비인후과 의사가 이런 소리를 해서 필자와 대판 싸운 일도 있다.

"야, 나 담배 끊었다. 그러면 내가 착하지 않은 놈이냐?"

필자가 이러고 시비를 걸어서, 그날 그 친구에게서 사과 받고 술도 얻어먹은 일이 있다.


생각하면 그 의사 친구의 말도 맞다.

박경리, 폴 뉴먼, 실비아 크리스텔, 여운계, 이주일, 정세용, 최종현… 지금 우리가 보고 있는 이 이름들의 공통점은 무엇인가? 대개 짐작은 하겠지만 폐암으로 사망한 유명인사들, 니코틴중독에 걸린 유명인사들이다. 이 중에 대부분이 담배를 즐긴 사람들, 즉 애연가였다.

A회장이 아들에게 "너는 뭐든지 할 수 있다. 넌 끊은 사람이니까. 독한 놈이니까!" 한 것도 틀린 말은 아니다.

좀 독해야 끊는다. 끊을 수 있으면 독하고, 또 독해야 자기 앞가림도 잘하고 성공도 한다고 보여진다.

담배를 끊은 사람은 무엇이든지 끊을 수 있다.

담배와 이별한 사람은 누구와도 이별할 수 있다.

만약 남모르게 숨겨 놓고 몰래 서로 좋아하는 여자가 있거든 끊으라. 결혼했거든 무조건 끊으라.

사랑을 하면 니코틴이 여자에게도 중독된다.

폐암이나, 편도선암 등 여러 가지 암의 원인이 바로 그 담배라면, 담배 피우는 남자가 한껏 무드에 도취되어 식스나인 페팅을 했을 때, 그 여성에게 어떤 암이 되는지 의사에게 물어보라.

　이렇게 지독한 쪽지를 받고도 계속 담배를 피운다면, 더 지독한 한마디를 들어야 한다.

　항문도 안 피우는 담배를 입으로 피우냐?

# 힘든 줄 안다,
# 그래도
# 몸은 팔지 마라

**"몸 팔아서 얻는 것 가운데 몸보다 소중한 것은 없다."**

지난 4월 20일 문화일보는 대학가로 스며든 호스트바의 실상을 보도했다.

"20대 女 타깃 신촌·홍대서 성업 男 접대부 알바 최저 임금의 5 배. 대학생들 "학비 벌자" 지원 몰려 업소 주인 "하루 30명 대기시켜"

서울 강남 일대에서 성행하던 호스트바가 '여성 전용 파티룸'이란 이름으로 신촌·홍대 일대까지 진출했다는 얘기다. 예전엔 주로 경제적 여유가 있는 중년 여성들이 호스트바의 고객이었다지만, 최근에는 가격 인하 등으로 젊은 여성들도 호스트바를 찾아, 남자를 옆에 앉혀 놓고 즐기기도 하고, 물론 원나잇 스탠드도 가능하다는 얘기다.

여성 전용 파티룸의 경우 손님도 20대 여성, 남성 접객원도 20대

대학생이 많다. 남성 대학생들은 평균 시급 3만 원을 벌 수 있다는 유혹에 접대 '알바'를 하겠다고 호스트바로 흘러들고 있다.

특히 호스트바의 경우 음란행위나 성매매가 이뤄져도 경찰의 단속이 어려운 실정이다.

경찰 관계자는 "신고를 받고 경찰이 출동해도 호스트바 접객원들이 일반 웨이터인 것처럼 위장해 손님들에게 서빙만 했다고 우기는 경우가 많다"며 "음란행위나 성매매가 이뤄졌다는 직접적인 증거가 없으면 적발하기가 힘들다"고 토로했다.

이 기사를 읽으며 필자는 지난 2000년대 모 스포츠 신문에 연재했던 칼럼 1편을 문득 생각했다.

그 당시는 몰래바이트에 속하던 '몸 팔기 알바'가 지금은 "평균 시급 3만 원을 벌 수 있다는 유혹에 남성 대학생들이 접대 '알바'를 하겠다고 호스트바로 흘러들고 있다."고 있다니…….

시대는 변했지만, 몸 파는 아르바이트는 지금도 찬성할 수 있는 노동은 아님에, 그 당시의 칼럼을 여기 다시 옮겨 본다.

호스트바의 시급 알바를 하며 '헬조선'을 눈 흘기는 젊음들에게 읽히고 싶어서다.

# 얼레리꼴레리 부전자전

## 원교협 회장과 김밥장수

주변에서 P회장을 원교협 회장으로 추대할까 했다. 60이 넘은 P회장이 "여대생은 1백만 원, 전문대는 80만 원, 휴학생은 70만 원, 여고생은……."이라고 원조교제의 단가(單價)를 줄줄 외워대는 것을 보고 카악, 끓어오르는 것을 간신히 참으며 "원교협 회장이나 해 처먹어라."

센스 없는 직장인이라도 알아차렸겠지만 원교협은 원조교제협회의 약자.

원조교제… 법이 강화되어 10대 매춘을 즐긴 꼰딩들의 이름까지 공개하게 된 것은 물론 사법처리까지 하게 된 것은, 몸은 사지도 팔지도 말라는 의미하고도 통한다.

그런데 그 P회장에게 고민이 생겼다. 군대 다녀와서 늦게 대학을 졸업하고 취업한 지 2년 되는 아들이 아무래도 김밥장수를 하는 것 같다고.

김밥장수라면 남자매춘이다. 애비는 원교협 회장감이고 아들은 아줌마 상대의 김밥장수라니 부전자전이라기보다는 그 아들 참 효자다. 애비 닮았으니까. P의 아들은 그러나 태평이다.

"직장 생활 재미없잖아요? 월급 가지고는 안 되지 않아요? 아줌마들하고 적당히 주기적으로 즐기고 용돈 떨어질 염려 없고. 그런 거 가지고 너무 무겁게 생각지 마세요. 여자들 중에도 그런 애들 많아요<sub>그런 애</sub>가 네 새엄마다, 하려다가 참았다."

김밥장수, 또는 '고추갤러리 사업자'치고는 유들맨이다.

## 그러나 몸은 팔지 말라

IMF 때의 고추갤러리 사업자는 그래도 파는 것 자체가 처절했다. 지금은 처절하게 파는 것은 아니다. 시급이 좀 후하다고 김밥을 파는 젊음이 있다면, 그가 불법행위를 하고 있는 것은 물론이고, 그의 '비즈니스 콘텐츠'에는 페니스도 포함된다. 원조교제에 가담한 유들 맨이 말한 '그런 여자애들'의 비즈니스 콘텐츠에 순결(?)이 포함되듯이.

직장인 가운데 고추갤러리나 shell cafe로 더블 잡을 지닌 남녀 직장인이 있다는, 유언비어 같아서 믿고 싶지 않던 그 당시의 현실을 유들맨이 직시하게 해줬다.

"인터넷에 들어가 보세요. 쌔고 쌨어요." 유들맨이 혐오맨이 돼버렸다.

파는 것을 능력으로 아는 그런 직장인들이 인터넷을 고추갤러리나 Shell cafe로 운영하고 있다는 사실을, 짭새들도 시인하고 있다.

그러나 몸은 팔지 말라. 세상에서 파는 능력이 최고의 능력이긴 하지만, 그래서 영업사원으로 나서면 출세도 하지만, 진짜로 팔아서는 안 되는 것이 있다.


몸을 팔아서 얻을 수 있는 것 가운데, 몸보다 더 소중한 것은 없다

대학등록금을 위해 몸을 팔았다면, 졸업식장에서 받는 것은 매춘 소득증명서이지 졸업장은 아니다.

섹스 자체를 엔터테인먼트 정도로 가볍게 생각하는 것 하고, 몸을 파는 것 하고는 하늘과 땅 차이다. 즐기는 섹스는 자유의 실천의지 너무 거창한가?라 밀어붙일 수 있겠지만, 파는 섹스는 더구나 몰섹, 몰래 섹스는 불법 영업에 해당한다.

이 쪽지는 그렇다면 영업 방해 소리를 들을지 모르지만, 직장에서 받는 돈이 적다고 젊은 몸을 판다면, 늙어 은퇴한 뒤 무엇을 팔 수 있으랴?

그때는 고추갤러리도 Shell cafe도 개점휴업일 테니.


문화일보가 보도한 호스트 카페와 남성 대학생 기사와 위에 인용한 이 칼럼은, 시대는 달라도 테마는 함께한다. 호스트바의 성매매는 경찰도 인정하고 있다는 점에 가슴이 아프다.

필자는 지금도, 혹시 호스트바에 가서 돈 벌고 싶어 하는 직장인이 있다면 같은 소리를 할 수밖에 없다.

그러나 몸은 팔지 말라. 몸을 팔아서 얻을 수 있는 것 가운데, 몸보다 더 소중한 것은 없다.

2부

**주저앉지 마세요,**

**건강**

# 유상무와 김영애에 대한 안타까움의 실체

## 췌장암 3기 김영애, 대장암 3기 유상무

70년대 중반 중앙일보 기자 시절 필자가 데스크를 맡고 있던 주간 중앙의 표지 촬영을 왔던 김영애와 마주 앉아 차를 한 잔 마시며, 필자는 그녀의 아름다움과 미소를 기억에 담았다.

김영애가 '반금련'에 출연 중이던 때라, 그 이미지 때문이었을까. 유난히 섹시하고 아름답고 매력적인 모습이 오랫동안 기억에 남아 있었다.

그 후 사업에 실패하는 등 이런저런 세상풍파를 치르며 김영애도 늙어가고 있었는데… 4월 9일 췌장암 3기로 고통 받던 그녀가 세상을 등졌다.

김영애는 2012년 MBC 드라마 '해를 품은 달' 촬영 당시 이미 췌장암 판정을 받았으나 주위에 알리지 않고 연기생활을 계속했다.

세상을 뜨기 전까지 김영애는 마지막 작품인 KBS 드라마 '월계수 양복점 신사들' 촬영 당시, 입원 중에도 병원에서 외출증을 끊어 50회까지 연기를 펼친 사실이 밝혀져 방송국 관계자들과 동료들의 안타까움을 더했다.

그녀가 세상을 뜬 그 다음 날인 4월 10일 또 한 사람의 연기자가 전하는 안타까운 소식. 미남 개그맨 유상무가 대장암 수술을 받았다. 유상무의 소속사가 그의 '대장암 3기 소문이 사실이다'고 발표한지 사흘 만에 드디어 대장암 수술을 받아 그를 좋아하는 팬들의 마음을 무겁게 했다.

그 유상무가 수술 후 사흘 되는 날 페이스북에 '인생은 한 편의 영화 같다'고 올리자 팬들은 "이제 살아났구나!", "수술 개그하네"라며 반겼다.

그리고 유상무가 역시 개그맨답게 장난기 어린 어조로 "방구는 붕붕 잘 나온다"고 SNS에 글을 올리자, 그의 팬들은 반갑다는 듯이 일제히 반응했다. "이번엔 방구 개그다"라고 그의 쾌유를 반긴 것이다.


## 옛날 같지 않아 암 걸려도 큰 병원 가지 않고

두 사람의 인기 연예인이 암을 주제로 우리를 우울하게 하기 전인 지난 3월 26일,

대한위암학회는, 위암 치료 가이드라인 개발이나 연구 결과로 회원들의 수술 실력이 거의 평준화됐으므로 지방에서도 안심하고 치

료를 받아도 된다고 밝혔다.

말하자면 암의 경우, 발견되면 의례히 서울의 큰 병원, 대학병원 등을 찾는데, 이제 위암은 그럴 필요 없는 것이 위암과 관련된 여러 분야의 기술이 발달되어, 지방의 크지 않은 병원에서 치료를 받아도 아무 문제없다는 것이다.

다시 말하면 "위암 치료는 서울이 낫다.", "서울 큰 병원에 가야 한다."는 옛날 얘기고 지방에서도 충분히 치료된다는 점을 강조했다. 그런데 위암학회가 이런 의견을 발표한 반면에 다른 암 학회, 예를 들면 김영애나 유상무가 관계있는 췌장암학회나 대장암학회는 이런 내용의 발표가 아직은 없다.

또 암 판정을 받으면 그 가족은 물론 주위 사람들이 모두 혀를 차며 안타까워하는 것 역시 아직은 변함이 없다.


## 진즉에 김영애나 유상무를 만나서

암은 위암이건 췌장암이건, 아니 어떤 암이건 발견 후 수술이나 치료보다는 뭐니 뭐니 해도 역시 암에 걸리지 않는 것이 제일이다. 걸렸다 하면 본인은 물론이고 가족이나 주위 사람들을 가슴 아프게 하고, 본인 스스로는 인생 전체가 망가진 것으로 생각하게 된다. 실제로 망가지기도 한다.

암에 걸리지 않는 방법에 대해선 수많은 의학정보들이 있다. 최근엔 여러 군데 종편에서 방영하는 의학 프로그램에서도, 암 예방 관련 정보를 보여주고 있다.

암이건 다른 병이건 걸린 후에 치료보다는 걸리기 전에 예방하는 것 이상의 방법은 없다. 의사가 아니라도 이건 안다. 걸리기 전의 예방이란 무엇인가?

바로 면역력 강화다. 암은 외부에서 오지 않고, 우리 몸 내부에 잠재해 있다가, 몸에 면역력이 저하됐을 때 튀어나와서 몸 여러 곳으로 전이된다.

필자는 여기서 마늘 얘기를 하고 싶다. 한의학은 물론이고 현대의학에서도 암 예방에 빠지지 않고 따라다니는 식품은 마늘이다.

미국 등 선진국에선 이미 오래 전에 마늘의 항암효과를 인정했다.

국내에선 2013년 11월 말 "마늘에 항암 성분 있다"고 식약처가 발표한 것이, 마늘에 대한 공식적인 첫 인정으로 되어 있다.

아마 미국을 비롯한 선진제국이 마늘의 항암효과를 인정한 것에 비하면, 우리나라의 마늘 항암성분 인정은 10여 년은 뒤지지 않았나 생각된다.

아니다.

사실은 정부 차원의 인정은 그렇게 늦었더라도 이미 그보다 훨씬 이전에 마늘의 항암성분을 인정한 선각자가 있었다. 그가 인산 김일훈이다.

1986년에 출간된 인산 김일훈의 『신약』은, 자신의 차남 김윤세<sup>현 인산가 회장, 전남대학교 대체의학 교수</sup>에게 **구술시켜 나온** 책이다. 그러나 그 책이 나오기 훨씬 이전부터 인산 김일훈은 자신을 찾아오는 암을 비롯한 많은 불치병 환자들그 시대엔 불치병도 많았다에게 "구운 마늘을 죽염에 푹 찍어서 많이 먹으라"고 권유한 일화는 너무 유명하다.

김영애와 유상무의 경우가 아니더라도, 암에 걸리고 난 다음의 수술이 아니라, 걸리기 전에, 그러니까 평소에 구운 마늘 죽염 찍어 먹기를 했으면 얼마나 좋았을까를 생각해 본다. 필자가 진작에 김영애나 유상무를 만나 그 얘기를 못 해준 것이 한이다.

사실 힘든 병, 불치병 등에 걸려 인생을 끝낼 수도 있을 사람에게, 분명하게 몸에 좋은 것을 미리미리 귀띔이라도 해 줄 수 있다면 얼마나 좋은 일인가?

# 지상렬이
# 고백하는
# "내 체력 쑥뜸에서"

## 1급 무쇠 체질 연예인 지상렬 MBN에 출연해서

새삼스러운 얘기는 아니지만 쑥뜸으로 효과를 본 사람들의 얘기는 언제 들어도 신선하다.

신선하기는커녕 '뜨겁다'가 아니라 '뜨겁지만 신선하다'라고 말하는 쑥뜸 체험자도 많이 있으리라 믿는다. 그러나 필자가 한 걸음 더 내딛어서 말씀드린다면, 쑥뜸은 뜨겁지만 신선하다, 가 아니라 뜨거워서 신선하다.

쑥뜸이 좀 뜨겁긴 하지만 쑥뜸으로 건강 되찾는다 생각하며 참는다고 쑥뜸 체험자들은 입을 모은다. 그 뜨거움을 참고 쑥뜸을 뜬 분들은 거의 전부 몸이 달라질 정도의 효험을 보고 있다.

재작년인가 MBN의 인기 프로 '황금알'이 쑥뜸을 본격적으로 다룬 적이 있다. 그 방송에는 우리나라 쑥뜸은 물론 대체의학의 권위자인

인산가의 김윤세 회장<sub></sub>전남대학교 교수도 출연해서, 놀랄 만한 쑥뜸의 신비를 얘기했다.

바로 그 프로에 출연한 개그맨 지상렬 씨. 그는 연예계에서도 정평이 자자한, 지칠 줄 모르는 '1급 무쇠 체력'의 소유자다. 그는 자신의 체력이 쑥뜸에서 온 것임을 밝히면서 출연진들은 물론 시청자의 이목을 한 몸에 받기도 했다.

지상렬이 "요즘은 잠깐 쉬고 있지만, 원래는 7~8년 정도 계속 쑥뜸 치료를 받아왔다"고 자신이 쑥뜸 마니아임을 밝혔다.

"예를 들어 설사를 할 때도 단전에 쑥뜸 한 방만 놓으면 설사도 멎고 위도 가벼워졌다"며 쑥뜸 예찬론을 펼치기도 했다.


## 몸을 완전 장악하여 병을 미리 단속하려면…

몸의 건강을 돌보는 데 쑥뜸이 좋다는 정도는, 쑥뜸 체험자는 다 아는 얘기이고, 진짜로 쑥뜸의 효능은, 쑥뜸 뜬 사람의 인생을 바꿔놓는다는 사실에서 발견된다. 그러니까 건강만 돌봐주는 쑥뜸이 아니라 인생을 바꿔주는, 혁신해주는 매개체로서의 쑥뜸의 효과는 거의 신비하다.

요즘은 어디 가든지 바꾸자는 얘기가 한창이다. 회사를 바꾸자, 세상을 바꾸자, 정치를 바꾸자, 인생을 바꾸자… 각종 바꿈질이 유행이지만 스스로 자기를 바꾸는 데는 인색하다. 즉 세상을 바꾸려면 자신을 바꿔야 한다. 자기 스스로를, 빨리, 근본적으로, 효과적으로 바꾸려면 쑥뜸이 가장 빠르고 정확하다. 지상렬도 이에 찬성한다.

처음에도 그랬지만, 계속 쑥뜸을 뜨면서 느끼는 것은 바로 쑥뜸이 자신을 바꾸는 지름길이 된다는 사실이다. 쑥뜸이, 쑥뜸을 뜨는 사람의 건강을, 그러니까 인생을 바꿔 놓는 수준은 거의 혁명에 가깝다. 다시 말하면 쑥뜸은 자신의 인생을, 그 운명 자체를 바꿔 놓을 만큼의 강력한 영향력을 내 몸에 행사한다.

내 몸은 항상 나를 호시탐탐 노리고 있다.

그래서 어디가 좀 소홀하다 싶으면 불쑥 병명病名을 들고 찾아오는 것이다. 내 몸이 내 마음대로 되느냐 하면 아니다. 내 몸은 항상 내 인생을 배신할 기회만 노리고 있다. 그래서 쑥뜸을 아는 사람들은 쑥뜸으로 내 몸을 완전히 장악해야 한다고 믿고 있고 실천하고 있다.

몸이 나를 배신하지 못하도록 미리 손을 써야 한다. 내 몸을 바꾸고 내 몸을 내 뜻대로 이끌어 가는 가장 효과적인 내 몸 장악이 바로 쑥뜸이라고, 지상렬 같은 쑥뜸 마니아들은 서슴지 않고 얘기한다.


## 춘분, 추분 전후 40일간 단전에 불 지르는 쑥뜸

쑥뜸을 시작하는 때는 보통 계절적으로 춘분 전후하여 40여 일. 그러니까 춘분 전 20여 일이면 3월 4~5일경이다. 그때부터 시작하여 4월 중순쯤 끝나는 쑥뜸은 건강 유지에 그 이상은 없다고 해도 좋을 만큼 효과가 크고 빠르다.

가을은 또 추분을 중심으로 쑥뜸을 뜬다. 가을 쑥뜸은 추분 전후하여 40여 일.

봄이든 가을이든 40여 일 동안 쑥뜸을 뜨는데 처음부터 끝까지 단 전에만 뜨는 사람도 있고, 백회, 전중, 중완까지 뜨는 사람도 있다. 족삼리도 함께 떠서 효과를 보는 사람도 많다.

친구들과의 모임에서 쑥뜸 얘기를 하면, 그 뜨거운 쑥뜸을 어떻게 뜨느냐고 엄살 부리는 친구가 많다. 그러나 쑥뜸이 견딜 수 없는 것 이라면 누가 감히 그 뜨거운 쑥뜸을 뜰 것인가? 다시 말하면, 뜨겁 지만 견딜 만한 것이 쑥뜸이다.

그러나 뜨겁더라도 그 쑥뜸 계절에 따라 미리미리 떠 놓으면, 내 몸이 약해지기만 기다리다가 허점이 보일 때 나를 덮치는 병, 절대 로 찾아오지 못하도록 미리 단속하는 것이다.

어떤 병이든 마찬가지다. 우리 몸이 강할 때는 우리를 넘보지 못 한다. 몸이 비실비실해지고 체내에 면역력이 떨어질 때를 기다려 우 리를 덮치는 병마를 미리 못 오게 단속하는 것이 예방이다. 그리고 그 예방의 첫째가 면역력이다.

말로만 내 인생 이대로는 안 된다고 해야 소용없다.

의사들마다 하는 말이지만, 건강은 병 들고 나서는 좀 늦다. 건강 은 건강할 때 관리하고 지켜야 하는 것이다.

병이 오기 전에, 몸단속을 해야 한다.

병이 찾아올 때를 대비하는 것이 면역이다. 내 인생이 뜻대로 안 된다면 우선 몸에 쑥뜸을 떠보라고 권하고 싶다. 쑥뜸의 열기로 내 몸을 단속하면 내 몸이 쉽게 내 인생을 배신하지는 못할 것이다.

# 1년에 마늘 2천 통이나 먹는 엽기적인 당신?

## 메르스 사태 속에 정치적 루머까지 퍼져 나가고

메르스가 2015년 대한민국 국민의 여름을 발칵 뒤집어 놓았다. 메르스 첫 확진환자가 나온 5월 20일 이후, 전 국민이 완전 공포에 시달리는 밤과 낮을 보내야 했다.

메르스의 후유증도 대단했다. 병원이나 환자만 법석을 떤 것이 아니라, 그 와중에 삼성병원이 도마 위에 올랐다. 그뿐 아니라, 나중에 보건복지부 장관에 취임했던 문형표는 온갖 루머와 스캔들 속에서 비비적거리다가 삼성과의 모종 흑막으로 인해 지금 구속되어 있다. 그때부터 문형표는 이러저러한 문제로 삼성과의 스캔들에 오르내렸다.

그러니까 메르스는 시작은 '공포의 병'으로 시작되었지만, 많은 인명을 희생하고, 이상하게도 정치적인 냄새를 풍기기도 했다. 박근혜 전 대통령이 어느 병원을 방문한 것이 쇼네 아니네, 정치 냄새를 풍긴 것이다.

어쨌든 메르스가 시작된 이후 신문 방송과 인터넷은 메르스와 면역력에 관한 기사를 계속 내보내고 있었다. 즉 면역력이 높은 건강한 사람은 메르스를 크게 걱정하지 않아도 된다고 전문가들은 자신 있게 말하고 있다.

인류가 가장 두려워하는 암도 밖에서 몸으로 들어오는 것이 아니라, 우리의 몸속에 잠재해 있던 암 세포가 면역력이 떨어졌을 때 고개를 들고 나와, 우리의 신체 여기저기를 공격하는 것이다.


## 동서양 통틀어 최고의 면역 슈퍼스타는 마늘

이번 메르스 사태로 가장 관심을 끈 것은, 어떻게 하면 메르스를 치료하느냐보다, 어떻게 하면 메르스를 예방하느냐였다.

면역에 대해 수많은 보도가 쏟아져 나왔다. 건강기능 식품, 그중에서도 면역기능의 '스타 중 스타'는 아무래도 마늘이다. 우리나라의 거의 모든 미디어가 메르스 사태 이후 마늘의 면역강화기능을 소개하느라 열을 내고 있다.

사실 마늘은 우리 주변 가까이에 흔하게 접할 수 있는 식품이고, 단군신화에도 등장할 정도로 오랜 역사를 우리와 함께해 온 식품이다.

서양에서도 마늘은 전설의 식품, 면역 식품, 강장 식품으로 알려져 있다. 마늘의 드라마틱한 스토리는 드라큘라. 흡혈귀 드라큘라는 이름만 들어도 벌벌 떨리는 악마인데 마늘만 들이대면 주저앉거나 도망을 친다.

실내에 마늘을 배치해 놓으면 드라큘라는 접근도 못 한다. 그만큼 마늘의 효능은 거의 전설적이다. 다만 너무 우리들 가까이에 있어 그 신비한 효능을 우리는 가끔 잊어버리며 산다.


## 암박사 백남선의 마늘예찬과, 인산의 죽염마늘

메르스 덕분에 '마늘의 재발견'이라는 놀랄 만한 건강식품을 발견했지만, 마늘의 효능은 많이 알려진 것이고, 어떻게 먹느냐는 사람에 따라 다르지만, 역시 먹기 편한 건 구워 먹는 거다.

2013년 11월 30일 우리나라의 식약처가 마늘을 정식 건강기능식품으로 인정했다. 메르스 면역 식품으로 마늘이 각광을 받은 이면에는, 마늘에 대한 식약처의 인정이 작용했으리라고 짐작된다. 또한 21세기 초반에 미국의 세계적인 시사주간지 '타임'이 지정한 '슈퍼푸드 10'에도 마늘은 물론 포함되어 있다.

세계 최고의 유방암 전문의로 알려진 이대여성암병원장 백남선 박사는, 암과 관련된 많은 강의를 하고 있는데 강의 말미에 '암을 이기는 건강식품 10가지'를 소개한다.

그 10가지 중에 마늘을 항상 제일 처음 얘기하고 있다. 그는 단언한다.

"매일 마늘을 1통씩만 먹으면 절대로 암에 걸리지 않는다."

그의 강의를 듣고 마늘을 매일 먹는 사람이 늘어나고 있다.

마늘의 효능으로는 ▲면역 증강 ▲항암 ▲항균 ▲중금속 해독 ▲피로 해소 등이 대표적이다.

한 연구에서 쥐에 대장암 세포를 접종한 뒤 마늘 추출 성분을 투입한 결과 이 성분이 없을 때는 종양이 1,800㎣로 커졌지만, 마늘 성분이 들어간 쥐에서는 500㎣ 정도에서 멈췄다. 마늘의 탁월한 암 치료 성분이 증명된 것이다.

암을 비롯한 각종 질병의 면역력 강화를 위한 마늘 섭취 방법은, 마늘이 출하되기 시작하는 7월부터, 하루 20-30여 통의 마늘을 100일 정도 먹는 것이다. 그러면 강한 면역력을 지니게 되어 어지간한 병은 범접을 못한다고 김일훈 저 『신약』에 명시되어 있다.

필자 역시 마늘 죽염을 매년 2,000여 통씩 먹고 있다. 장 내시경 검사에서 발견된 용종과 선종이 기분 나빠서, '신약'의 처방대로 그해부터 2,000여 통을 먹고 있다.

마늘을 그렇게 많이 먹는다고 하면 듣는 사람 가운데는 상을 찌푸리는 사람도 있다. 그로테스크하게 보이나 보다. 엽기적으로 보이나 보다.

그러나 1년 2,000여 통 마늘 덕분에 이 나이에 건강에 별 이상 없이 '젊은 오빠' 소리 들으며 살고 있다.

# 복잡한 시대에 나타나는 공황장애

## 최순실의 공황장애는 진짜? 가짜?

금년 초에 갑자기 공황장애가 화젯거리로 등장하고 있다. 지난 1월 9일 조선일보 [최보식이 만난 사람] '최순실 변호인' 이경재 변호사 단독인터뷰에서도, 공황장애 얘기는 기사 첫머리에 나온다.

— '최순실 씨는 법정에서 카메라가 있으면 반성하듯 고개 숙이고, 없으면 고개 들고 똑바로 쳐다본다고 하는데?'라고 최보식이 묻자, 이경재가 "멘털이 거의 붕괴된 상태다. 공황장애도 있고⋯."라며 바로 얘기가 최순실의 공황장애로 넘어갔다.

여기서 최보식 기자는 "최순실 씨가 자주 맞았다는 프로포폴의 금단禁斷 현상인가?"라고 물었고 변호사는 그런 것 같다고 대꾸한다.

최순실의 자칭 공황장애가 검찰에서의 조사과정을 유리하게 하려는 술책인진 몰라도, 어쨌든 공황장애는 최순실 덕분에, 국민이 관심 갖는 병으로 등장했다.

말하자면 최순실 덕분에 공황장애가 스타덤에 오른 것이다.

거기에다가 지난 3월 19일 국민건강보험공단의 빅데이터 분석 자료가 발표되었다. "죽음의 공포 공황장애 환자 한 해 10만 명 넘어섰다"는 기사가 신문과 방송을 도배했다. 공황장애는 5년간 2배로 증가했으며, 30~50대서 주로 발생하는 것으로 되어 있다. 30~50대가 70%나 된다.

공황장애 환자는 5년간 2배로 늘었고, 연평균 17.9% 증가했다. 또한 70대 이상 노인 환자 증가세가 두드러진다고 한다.


## 노년층의 사회적 경제적 소외가 공황장애로

이정석 국민건강보험 일산병원 정신건강의학과 교수는 "유명 연예인들이 공황장애에 걸렸다는 사실을 고백하면서 정신과 질환에 대한 인식이 많이 개선됐다."며 "비슷한 증상이 생겼을 때 정신과를 찾는 사람이 늘고 있다."고 설명했다.

2015년 연령별 환자 수를 보면 40대가 27,326명[25.7%]으로 가장 많았다. 인구 10만 명당 진료 인원을 살펴보면 남성은 40대 310명, 50대 275명, 70대 269명 순이었고, 여성은 40대 · 60대가 각각 316명, 50대 314명으로 엇비슷했다.

40대 이후에 공황장애 환자가 많아지는 이유는 이 시기에 직장,

건강, 결혼, 자녀교육 등에서 오는 스트레스가 커지기 때문으로 분석됐다.

인구 10만 명당 환자가 가장 많이 증가한 연령대는 70대 이상. 이 연령층 환자 수는 2010년 82명에서 2015년 276명으로 3.4배 증가했다. 노년층이 겪는 경제적·사회적 소외가 공황장애로 이어지는 경우가 많은 것으로 알려졌다.

공황장애는 갑작스런 가슴 두근거림, 식은땀, 숨이 막히는 느낌, 어지럽고 쓰러질 것 같은 느낌, 가슴에 통증이나 불편감, 죽을 것 같은 공포 등을 겪는 질환이다.


## 대체의학에서는 쑥뜸으로 공황장애 예방 가능하다고

네이버의 건강백과는 공황장애에 대해 다음과 같은 설명을 보여주고 있다.

> 공황장애는 특별한 이유 없이 예상치 못하게 나타나는 극단적인 불안 증상, 즉 공황발작panic attack이 주요한 특징인 질환이다. 공황발작은 극도의 공포심이 느껴지면서 심장이 터지도록 빨리 뛰거나 가슴이 답답하고 숨이 차며 땀이 나는 등 신체증상이 동반된 죽음에 이를 것 같은 극도의 불안 증상을 말한다.
> — 서울대학교 병원 의학정보, 서울대학교 병원

네이버 건강백과를 조금 더 들여다보자.

"첫 번째 공황발작은 흥분, 신체적인 활동, 성 행위, 감정적 상처 등에 뒤따라서 생길 수 있으나 이유 없이 자발적으로 생기는 경우가 흔하다. 증상이 발생하면 보통 10분 안에 증상의 정도가 최고조에 이른다.

공황발작이 나타나기 전에 반복해서 있었던 사건이 있다면예: 커피, 술, 담배를 복용했거나 수면변화, 식사변화, 과도한 조명 등이 있은 후에 발작, 이런 조건에 대해 자세히 조사해 봐야 한다. 주요한 정신 증상은 극도의 공포와 죽음에 이를 것 같은 절박한 느낌이다. 보통 환자들은 이런 공포의 원인을 알지 못하고 혼돈스러워하고 집중력이 떨어진다. 빈맥빠른 맥박, 심계항진, 호흡곤란, 발한과 같은 신체 증상자율신경계 증상이 나타나는데 대개 발작은 20~30분 지속된다.

– [네이버 지식백과] 공황장애[panic disorder]

문제는 우리 주변에 공황장애 환자가 뜻밖에 많다는 것이고, 누구나 쉽게 걸릴 수도 있다는 것이다. 그런데 공황장애는 심장 관련 질병이라지만, 쑥뜸으로 그 예방이 가능하다고도 한다.

문득 최순실이 쑥뜸을 떴으면 어땠을까? 하는 생각이 든다. 최순실이 쑥뜸의 그 뜨거운 맛을 좀 보았던들……. 돈, 돈, 하며 재벌 돈 뜯으러 다녔다는 최순실.

혹시 돈 뜯을 생각을 너무 깊게 많이 한 나머지 스트레스가 심해져서 공황장애로 발전했다?

어쨌든 스트레스가 공황장애의 원인이라고 한다. 대기업의 간부 사원 중에서 공황장애 환자가 자주 발생하는 것도, 스트레스가 원인으로 지적되고 있다.

다행히 쑥뜸이 공황장애를 예방한다니, 쑥뜸 마니아인 필자는 공황장애 걸릴 위험은 일단 모면한 셈이 된다. 필자가 공황장애에 왜 관심이 있느냐 하면, 필자는 아예 직업이 스트레스이기 때문이다.

아니 필자 자체가 스트레스 덩어리다.

그래도 다행히 쑥뜸을 떴고, 쑥뜸의 효능을 믿고 있으니 어지간한 공황장애는 범접을 못 하리라는 생각도 해본다.

# 오줌발 세기
# 시합하는 친구라야
# 진짜 친구?

## 전립선에 대해 신경 쓰기 시작할 때

나란히 주욱 서서, 누구 오줌발이 멀리 가느냐를 놓고 시합하던 시절이, 말하자면 누구에게나 옛날에 금잔디 동산이다. 그런데 그 금잔디 동산의 오줌줄기가 말하자면 황금시절이 아니었을까를 시니어들은 생각한다. 더구나 다음과 같은 증세가 자신에게도 있나 없나를 궁금해할 때 그는 늙지 않았어도 시니어다.

- 소변줄기가 가늘고 힘이 없다. 중간에 소변줄기가 끊어지기도 한다.
- 소변을 보고 나서도 시원하지가 않다는 느낌이 든다.
- 소변이 나오기 시작할 때까지 시간이 걸리거나 힘을 주어야 소변이 나온다.

- 소변이 자주 마렵거나 갑자기 소변이 마렵고 참기 힘들다.
- 밤에 잠을 자다가 일어나서 소변을 보아야 한다.

위에 열거한 증세들은, 오줌발 세기를 시합하는 세대들하고는 전혀 관계가 없는 증세들인데, 네이버 지식백과에서 퍼 온 전립선 비대증이나 전립선암 초기 증세들이다.

우리나라 남성의 전립선암 사망률이 30년 새 10배로 늘었다는 최근의 언론보도는 50대 이상 시니어들의 가슴에서 덜컹 소리가 나게 했을 것이다.

중년 이후 남성 대부분이 전립선 비대증 증세를 보이고 있다고 하는데 50대 이상 시니어의 대부분이 "나도 그러면?!" 하며 전립선 비대증을 걱정하는 것으로 되어 있다.

그 나이가 되면 오줌발 시합은 물 건너갔다, 라고 비관할 필요는 없다.

자연이다.

길게 살든 짧게 살든 자연이다. 병이 깊어져 운신을 못 하는 것도 자연이다. 나이 들어 오줌발 약해지는 것도 자연이다.

오줌발 세기 시합이 안 되는 걸 함께 걱정하는 친구가 진짜 친구다. 그 친구가 바로 내 인생이 자연임을 증명하고 있으니까.

## 하룻밤에 2-3회 화장실 드나들던 친구의 전립선은

필자는 최근 전립선암에 대한 언론보도를 보며 H사장을 생각했다. H사장은 필자에게는 오줌발 시합 친구 중의 하나인데, 약 3년 전 아무래도 한동안 조용한 시골에 가서 지내겠다면서 소식이 없어졌다.

그가 서울에서 사라지자 지인들 간에 이러쿵저러쿵 말도 많았다. 암 같은 고약한 병에 걸린 거 아니냐는 오해도 있었다. 필자는 그가 회사도 자기 동생에게 맡기고 서울에서 사라진 이유를 아는 몇 사람 가운데 하나였는데, 그가 서울을 떠나 낙향한 이유는 전립선 때문이었다.

H사장은 자신의 전립선 증세에 대해 누구에게 알리기를 꺼리고 있었다. 좀 소심한 편이었던 그는, 그게 창피하다는 것이다. 전립선이라는 이름을 입에 올리는 것조차 창피하다는 친구였으니까.

수줍음을 많이 타는 친구이거나, 결벽증이 있는 것으로 주변에선 생각해 주었다. 그는 친구들과 골프 여행을 가도, 다른 사람들은 룸메이트와 둘이 한방을 쓰는데 그는 꼭 독방을 썼다. 핑계는 자기가 코를 많이 골아서 그렇다고 했지만, 사실은 하룻밤에 2-3번 화장실을 드나드는 바람에 룸메이트 되는 사람에게 폐를 끼치기 싫어서 그랬던 것이다.

그리고는 고향으로 내려갔다. 그러던 그가 아주 건강해져서 돌아왔다. 전립선에 신경을 쓰던 친구가 저녁을 먹으며 이야기꽃을 피우느라고 시간 가는 줄도 모르던 3시간 내내 화장실에도 한 번 가지 않았다.

그전 같으면 3시간에 2-3번은 화장실에 들락거려야 어울리는(?) H사장이었다.

## 누구나 가능한 손쉬운 자연치유법, 면역강화법을 찾아야

술이 거나하게 취해가면서 너 어디 가서 뭐 먹고 왔냐, 묻게 되었고, 보약 먹었냐 소리도 자연스럽게 나왔다.

"보약은 무슨? 아, 그렇지 그렇지 보약 먹었지. 내가 고향에서 먹은 것이 다 보약이었지. 맞아, 보약이야."

H사장이 명태 삶은 물, 마늘 죽염, 유황오리… 하고 자랑처럼 떠들 때, 필자는 아하 하고 무릎을 쳤다. 그의 건강관리 아이템이 필자와 비슷해서였다. 그가 자랑삼아, 저 혼자 아는 것처럼 중얼중얼 열거한 명태 삶은 물, 마늘 죽염, 유황오리, 호두기름 등은 필자의 단골 식품이었던 것이다.

특히 H사장이 자랑처럼 단전에 쑥뜸 떴다는 얘기를 하며 "좀 따끈따끈해. 견딜 만해!!" 하고 웃을 때 필자는 그를 화장실로 데리고 가서 "너만 쑥뜸 떴냐?" 하며 필자의 단전 쑥뜸 자리를 보여 주었다.

그러자 그는 자기도 단전 자리를 보여주겠다며 벨트를 풀었는데, 그는 아직 쑥뜸이 아물지 않아 고약을 붙이고 있었다.

"내가 말야, 동창생 놈들 다 불러놓고 쑥뜸 얘기 해줄래!! 전립선 강화하는 데는 단전 쑥뜸 이상 없는 것 같아!!"

금년 들어 3년째 단전 쑥뜸을 뜨고 있다는 그는 필자에게 한쪽 눈을 찡끗 윙크하며 "시합할래?" 했다. 전립선염 심해져서 낙향했던 친구가, 쑥뜸 뜨고 오더니 말도 많아지고 기운도 세진 것 같다. 오줌발 시합을 들고 나오는 바람에 우리 둘은 한동안 폭소를 그치지 못했다, 화장실에서.

## 몸을 혹사하면 몸은 반드시 우리에게 복수한다

### 서유리도 솔지도 이연걸도 피하지 못한 그 병

이연걸은 필자가 좋아하는 중국 배우 가운데 한 사람이다. 그의 '소림사'나 '영웅'은 오래전에 보았는데도 몇 개 장면은 머릿속에 그대로 남아 있다. 그러던 그가 갑상선 관련 질환에 늙어가고 있다, 죽어가고 있다 등의 소식이 인터넷에 뜨고 있어 안타깝다.

이연걸은 평생 늙지 않을 것처럼 수많은 액션 영화에 출연해 갖가지 권법을 보이던 '다이내믹 사나이'다. 그런데 갑자기, 꼭 다른 사람처럼, 아니면 노역老役을 위해 늙은이 화장을 한 사람처럼 팍 늙어버린 그의 사진에 놀랐다.

그러고 보니 이연걸만이 아니다. 국내 연예인 가운데도 MBC의 '마리텔마이 리틀 텔레비전'에서 활동 중인 성우 서유리도 갑상선 기능 항진증인 그레이브스병에 시달리고 있다는 소문이 SNS에 떠돌았고

급기야 본인이 직접 밝히기도 했다.

걸그룹 EXID 멤버 솔지도 갑상선 기능 항진증 확진 판정을 받아 활동을 잠정 중단했다. EXID의 소속사 바나나컬쳐엔터테인먼트는 지난 해2016 말, EXID가 상 받는 시상식에도 솔지가 불참하게 되었다며, "솔지는 최근 발열, 안구 돌출 등 여러 증세를 보였는데, 최종적으로 갑상선 기능 항진증을 확진 받았다."고, 솔지의 광팬들을 가슴 아프게 한 갑상선 소식을 발표했다.

여기까지 쓰고 보니, 갑상선 기능 항진증이 주로 활동을 많이 하는 연예인만 괴롭히는 것처럼 보이지만, 바쁘다고 다 그런 것은 아니라고 한다. 벅찬 스케줄에 시달리는 모든 사람이 다 그런 것은 아니고, 지나치게 바빠서 자신의 몸 건강을 제대로 돌보지 못하는 연예인들에게는 제법 많이 나타나는 증상인 것 같기도 하다.

엄동설한, 강추위 속에서도 땀이 나거나, 급격한 노화가 진행된다면 갑상선 기능 항진증을 의심해 봐야 한다. 또한 더위를 참지 못하고 땀이 많이 나고, 피로감, 두근거림, 손 떨림, 신경과민, 불면, 체중 감소, 월경 장애, 잦은 배변과 설사 등 증상이 나타난다.


## 50대, 남성보다 여성에게 더 많은 갑상선 기능 항진증

갑상선 기능 항진증 환자는 50대에 가장 흔하고, 4분의 3 가까이가 여성인 것으로 나타났다. 식욕이 왕성한데도 체중이 감소하고 더위를 참지 못하며 피로와 불안을 자주 느끼면 갑상선 기능 항진증일

가능성이 있다고 한다.

지난 2월 19일 국민건강보험공단에 따르면 2015년 갑상선 기능 항진증 환자는 233,309명으로, 2012년보다 4.9% 감소한 것으로 나타났다. 연령별로는 50대가 53,000명22.9%으로 가장 많았고 40대 52,000명22.4%, 30대 48,000명20.9% 순이었다. 연령대별 인구를 고려해도 50대에서 가장 흔했다.

인구 10만 명당 갑상선 기능 항진증 환자 수는 50대가 657명, 60대와 30대가 각각 625명, 40대가 599명, 70대가 480명이었다. 전체 연령 평균은 462명이었다.


## 스트레스 피하고, 가급적 자연식으로 면역력 강화를

갑상선 환자는 성별로 보면 여성 환자가 167,603명, 남성 환자가 65,706명이었다. 인구 10만 명당 환자 수로 보면 여성667명이 남성 259명의 2.6배였다. 환자 수로는 여성이 많았지만, 환자당 평균 진료비는 남성이 35만 3천 원으로 여성31만 6천 원보다 높았다.

갑상선 기능 항진증의 대부분을 차지하는 그레이브스병을 포함한 자가면역성 질환은 신체적, 정신적 스트레스가 상태를 악화시키므로 일상생활에서 규칙적인 건강관리를 하는 것이 중요하다고 한다.

갑상선 기능 항진증은 혈액 속에 갑상선 세포를 자극해서 호르몬 생성을 촉진하는 항체가 존재해 생기는 병이라고 한다. 외부에서 들어오는 병이 아니고 체내에 잠재해 있는 병이기 십상이다. 즉 갑상선 기능 항진증의 원인은 90% 이상이 '그레이브스병'이다. 갑상선 세포를 자극해 호르몬 생성을 촉진하는 항체가 혈액 속에 있으면 병을 일으킨다.

쉽게 말하면 갑상선 기능 항진증은 면역 관련 질환이다. 몸에 면역성이 강할 때는 쥐 죽은 듯이 잠잠하다가, 몸에 면역성이 좀 떨어졌다 싶으면 고개를 들고 공격을 가하기 시작하는 아주 고약한 병.

건강관리란 무엇보다 몸 관리다. 몸은 성질이 좀 고약한 데가 있어서, 혹사하거나, 잘 돌보지 않으면 꼭 복수하려 덤빈다. 몸 관리에 가장 중요한 점은 면역력 관리다. 면역력 관리는 병이 생기기 이전에, 그 병의 원인을 미리 다스리는 적극적 방법이다. 면역력 강화를 위해서는 멀리 갈 필요도 없다.

자연식 좋아하는 사람치고 면역력 결핍에 의한 갑상선 기능 항진증으로 고통 받는 사람은 별로 없다고 한다. 특별한 약으로 치료하기보다, 평소에 면역식품인 마늘 같은 자연식으로 면역력을 키운다면, 어지간한 사람은 평생 갑상선의 갑 자도 신경 쓸 필요가 없다고 한다.

마늘이나 죽염의 면역 능력에 대해서는 여러 차례 언급을 했지만, 현재 자연식으로서 면역력을 키우는 데는, 마늘이나 죽염이 효과적인 것으로 알려져 있다.

갑자기 이연걸 영화가 보고 싶다.

# 암, 암, 암······.
# 그렇고말고!

## 암 선고 받은 한국인과 미국인의 차이

암!!

이 글자를 보면 누구나 죽음을 연상한다. '암=죽음'이라는 공식이 오랫동안 우리를 지배해 왔기에 누구나 암을 두려워한다.

며칠 전 아내가 어느 종편 방송의 '몸신'이란 프로에서 보았다며 들려준 암 얘기가 재밌다. 그 프로에 출연한 유명한 암 전문 의사가, 자기 경험담이라는 전제를 달고 발표했다는 얘기다.

"암 선고를 받으면 미국 사람들은 '그럼 나는 이제부터 무얼 해야 합니까?'를 묻는다고 한다. 그런데 한국 암 환자는 좀 다르다. "저 앞으로 몇 년이나 더 살죠?"를 묻는다는 것이다. 그러나 동서양에 관계없이 암을 죽음과 연결시키는 것은 다를 것이 별로 없다. 암이기에 그렇다.

'암=죽음'의 공식은 여전히 우리를 지배하고 있다. 다시 한 번 말하지만 우리는 '암 걸리면 죽는다'로 되어 있다. 그래서 떨리는 목소리로 "얼마나 더 살 수 있을까요?"라는 질문은, "나 언제 죽습니까?"와 동의어다.

누구나 스스로에게 한 번 물어볼 필요가 있다. 내가 만일 암에 걸려 의사에게서 '암입니다' 소리를 들을 때 나는 어떻게 반응할까? 암 앞에 초라하게 보이기가 싫어, 또 허세를 부린답시고 "암요? 으하하하" 하고 웃을 사람은 없다.

여기서 또 한 번 지적하고 싶은 사실 중에서도, 아주 분명한 한 가지 사실은, 암은 밖에서 오지 않는다는 사실이다. 암은 내 몸 안에서 생기는 것이고 암의 가장 큰 원인은 자기 자신이다.

암을 비롯한 많은 질병이나 불행은 밖에서 오기보다 내 안에서 시작되는 것이기 쉽다. 그러나 교통사고나 지진이나 화산이 터져 사망하는 경우가 점점 늘어나는 것을 보며, "내 생명을 노리는 것은 내 안에도 있고 내 밖에도 있구나!" 하며 우리는 긴장하기도 한다.

## 돈은 많고 결혼은 늦게 하는 사람들이 유방암에 잘 걸린다?

암에도 안 걸리고, 지진이나 화산이나 교통사고도 만나지 않는 것이 가장 좋기는 하지만, 그런 것 역시 뜻대로 되지 않는 것이 인생이니 인생의 불행에 대해서 현재 가장 많이 생각하는 한국 사람은 누구일까?

지난해2016년 11월 22일 국립 암센터가 우리나라 최초로 시군구별 암 발생 통계 및 발생 지도를 발표했다. 그 긴 얘기를 여기에서 다 인용할 수는 없지만, 통계에 따르면 갑상선암은 전남, 대장암은 대전시와 충청도, 폐암은 전남·경북·충북, 유방암 및 전립선암은 서울 강남과 서초, 경기 성남 분당에서 높게 나타났다.

대표적인 서구형 암으로 꼽히는 유방암과 전립선암은 서울 강남, 서초, 경기 분당에서 많이 발생했다. 서울의 강남, 서초, 경기 분당이라면 대개 부유한 사람이 많이 사는 지역으로 알려져 있다. 이 지역은 집값도 비싸다. 그런데 강남 3구와 분당 거주자는 초경 연령이 빠르고 출산율이 낮으며, 출산 연령이 늦어 유방암 발생 위험이 증가하는 것으로 분석됐다.

말하자면 교육 수준이 높고 경제적으로 중 이상인 여성들이, 결혼을 늦게 하는 이유로 인하여 유방암 발생률이 높다는 것이다. 남성의 전립선암 역시 이 지역즉 좀 부유한 지역 거주자들에게 많이 발생하는 것으로 되어 있다.


## 박근혜 전 대통령은 '정치적 암'에 걸렸다?

2016년에 가장 매스컴을 많이 타고, 구설수도 많았고, 불행하게 된 사람은 한국의 박근혜 전 대통령이 아닌가 생각된다. 우리나라 대통령에 대한 얘기는 참으로 가슴 아프다. '어떻게 이런 일이!!'라고 말하기도 힘들 만큼 되어버렸다.

암이 외부에서 오는 것이 아니듯이, 박근혜 전 대통령이 겪고 있는 저 정치적 경제적 괴로움도, 역시 암처럼 자기 스스로가 원인이 되지 않았나 생각된다.

이번 사건의 물꼬를 튼 1등 공신으로 언론계는 TV조선 이진동 사회부장과 JTBC 손석희 앵커사장를 들고 있다. TV조선은 지난 16년 7월 16일의 '청와대 안종범 수석, 문화재단 미르 500억 지원'을 처음 보도했고, 8월 2일에는 'K스포츠재단 400억 모아' 등을 연이어 터뜨리면서 이 게이트가 세상에 알려졌다.

정확했다. 암 진단보다 정확했다는 것이다.

불행한 일이다. 그야말로 우리의 전직 대통령이, 그 무섭다는 암보다 더 불행한 일을 당하고 있다. 그리고 암이 외부에서 온 것이 아니고 내부에서 왔듯이, 대통령의 게이트도 외부에서 온 불행이 아니라 내부에서 온 불행이라고 보아야 할까?

암 선고를 받은 사람들의 반응이 서양 사람 동양 사람 다르다고 하지만, 그 예방은 동서양 상관없이 면역력 강화가 아닌가 생각된다.

마늘만 놓고 보더라도, 우리나라는 2013년에야 공식적으로 식약처가 마늘의 항암성분을 인정했지만, 미국은 이미 그 이전에 슈퍼푸드로서의 마늘의 면역력 강화를 인정하고 있었다. 그러니까 암에 대한 반응은 동서가 다를 수 있어도, 암 예방은 동서가 같다고 보인다.

# 우리는 왜 제 명에 죽지 못하는가?

## 인생 100세 시대에, 65세는 노인도 아니라지만…

고종명考終命을 아는가?

고종명은 인간의 축복 다섯 가지를 말하는, 소위 5복 가운데 하나이다. 즉 하늘이 인간에게 부여한 천명天命을 다 살고 나서 죽음을 맞이한다는 뜻이다. 제 명에 죽는다는 것이 바로 고종명이다.

오복은 무엇인가?

첫째가 장수하는 것이고, 둘째가 부유하게 사는 것이고, 셋째가 안락하게 사는 것이고, 넷째가 훌륭한 덕을 닦는 것이다. 그리고 마지막 다섯째가 천명을 다 살고 죽는 것을 말한다.

천명을 다하고 죽는 것을 우리는 "제 명에 죽는다."로 말한다.

인생 100세 시대다. 직장인의 정년퇴직 연령도 60세를 권고조항으로 있던 것을 의무조항으로 바꿔, 2016년 1월 1일부터 공기업,

공공기관, 지방공기업, 상시근로자 300인 이상 사업장에 적용하며, 2017년 1월 1일부터는 국가 및 지방자치단체, 상시근로자 300인 미만 사업장에도 적용하게 되어 있다. 직장인의 정년에 관한 법률을 고치는 등 난리를 부리는 것은, 바로 인간수명 100세 시대를 100세 시대답게 하자는 뜻이다.

UN은 얼마 전까지 노인 연령을 65세로 하던 것을 70세로 상향 조정했다. 우리나라도 이에 맞춰 노인이 기준을 70세로 하고 있다.

역시 100세 인생에서 65세는 아직 노인 아니라는 뜻도 담겨 있다. 80대가 되어도 정정한 시니어를 보고 있으면, 65세 정도는 사실 이제는 '옛날중년'에 해당된다.


## '한국인 3명 중 1명은 평생 한 번은 암에 걸린다'

그렇다면 우리는 진짜 100세 인생인가?

아니 100세가 넘든, 100세가 안 되든, 고종명하고 있는가?

즉 제 명에 인생을 끝내고 있는가? 또는 제 명에 죽지 못하면 어쩌나 하고 전전긍긍, 공포에 시달리는 사람은 없는가? 100세 인생이라지만 우리를 겁주는 단어들은 우리 곁에 산재해 있다. 우선 암癌을 생각해 보자.

암이라는 글자만 떠올려도 기분이 별로다. 사실 우리들 인생에서 제일 기분 나쁜 글자가 암인지도 모른다.

언젠가 보건복지부 · 국립암센터 중앙암등록본부는 '2013년 국가

암 등록 통계'를 발표해 우리의 관심이 집중된 일이 있다. 또 이 발표를 인용해서 신문과 방송은 '한국인 36.6%는 평생 한 번은 암에 걸린다' 등의 제목으로 우리를 긴장시키기도 했다.

아무리 좋게 생각해도 기분 나쁜 얘기가 바로 암에 관한 통계나 보도들이다. 특히 주변에서 암 환자가 생기는 경우 '혹시 나도?' 하는 불안감이 무의식중에 우리를 사로잡기도 한다.

좌우간 '암'이라는 글자만 봐도 기분 나쁘다. 진짜 으스스해진다. 암이라는 글자만 보면, 동시에 고종명하고 싶어지는 것은 필자만이 아닐 것이다.


## '내 안의 의사=면역력'으로 고종명하는 길

더구나 전 국민의 36.6%가 암에 걸릴 확률을 지니고 있다니, '혹시 나도?'의 불안감을 기우라고만 할 수는 없다. 결국 고종명이라는 것이 있느냐는 의문도 나온다. 즉 우리는 제 명에 죽는 경우가 드물다는 얘기 아닌가?

교통사고나 천재지변화산폭발, 쓰나미 등은 물론이고 암을 비롯한 많은 질병을 생각한다면, 제 명에 죽는다는 것이 얼마나 힘든가를 알 수 있다. 그래서 제 명에 죽는 것이 5복의 하나라고 그러나 보다.

제 명에 죽지 못한다면 가장 많게는 병으로 죽는다. 결국 고종명하려면 암 같은 것에 걸려들지 말아야 한다. 그게 인간의 뜻대로 되느냐고 묻고 싶은 사람이 많을 것이다.

물론 암에 걸리고 안 걸리고는 인간의 뜻대로 안 될 수도 있지만, 그건 멍하니 앉았다가 당하는 경우이고, 마음만 먹으면 암은 예방도 가능하다. 즉 재수가 없어 일단 암에 걸리면 고치기는 힘들지 몰라도, 암을 사전 예방하는 것은 불가능하지도 않다.

최근 몇 년 사이 붐이 일고 있는 각 공중파 TV나 종편과 신문 등 모든 매스컴이, 인생 100세를 의식한 건강 관련 프로그램에서, 암 등 각종 난치병 치료 사례를 많이 발표해서 우리들 모두가 알다시피 암 역시 사전 예방이 불가능하지는 않다.

매스컴이 국민 건강증진에 기여하는 것은 사실이다. 과거보다 건강 관련 프로그램이 2-3배나 늘어났다. 장수시대에 걸맞은 내용들이 국민을 보다 건강하게 할 것이다.

물론 그런 보도들 때문에 암에 대한 공포도 증가하고 있다. 그러나 암 같은 것이 아무리 우리를 공포에 몰아넣어도 다행인 점은 면역력이라는 것은 몸 안에 원래 있는 것이기도 하지만, 후천적으로 키울 수도 있다는 것이다.

예를 들어 마늘 같은 것은 약이 아니라 식품이지만 그것도 우리나라 어디에서도 키울 수 있고, 구할 수도 있는 식품이지만 마늘의 효능에 대해서는 책 몇 권을 써도 좋을 만큼의 면역 효과를 지닌 식품이다.

그러니까 병에 걸려 일찍 눈감기보다는, 미리 면역력을 길러 암 같은 것에 희생되지 않고 고종명하는 길을 스스로 발견할 수밖에 없는 것 같다.

고종명… 생각할수록 괜찮은 단어이다.

# 면역력이 약해지면 온갖 병이 다 달려든다

## 50대 한국 여성 25만 명이 걸려 있다는 대상포진

"나이 먹는 것도 서러운데 이런 고약한 병에 걸리다니……." 66세의 J여사는 만나자마자 나이 타령을 하며, 앞에 놓인 커피가 다 식었는데도 마실 생각도 않는다.

J여사가 '고약한 병'이라는 소리에 필자는 찔끔했다. 혹시? 암? 백혈병? 그러지 않아도 최근 필자가 아끼는 절친이 부인을 암으로 잃어서, 암에 대해 신경이 날카롭던 터라 J여사 얘기에 우선 암을 생각했던 것이다.

"김 선생님은 여성 문제 전문가니까, 아이 낳을 때의 아픔이 얼마만큼 지독한 건지 이해하시죠? 그런데 이건……. 아이 낳는 것보다 더 아프니……."

아하, 필자는 알아차렸다. 대상포진이로구나. 필자 주변에도 대상포진이라는 고약한 병에 걸린 사람들이 있다. 우리나라 최고의 드라마 작가 K여사도 그랬다. '아이 낳는 것보다 더 아프다'고.

"별에도 가고 달에도 갈 만큼 과학이 발달했다는데 대상포진 하나 못 고치면서 달나라는 무슨….”
J여사는 독이 올라 있었다. 독한 병에 걸리면 독한 소리도 잘 하는 것 같다.

대상포진의 고약함은 세상이 다 안다. 특히 최근 우리나라 50대 여성 25만여 명이 대상포진에 걸려 있다는 매스컴의 보도는 중년 이상의 여성들을 긴장시킬 만도 하다. J여사가 아니더라도, 걸리지 말아야 할 리스트에 대상포진은 꼭 들어간다고 한다.

아니다. 걸리지 말아야 할 병이 따로 있는 것이 아니라, 모든 병에 걸리지 말아야 한다. 일단 걸리면… 골치 아프다. 몸도 아프다. 그리고 인생 전부가 아프게 된다.


## 면역력 저하되는 환절기의 중년 여성의 스트레스가

환절기 중년 이상 여성들이 주의해야 한다는 대상포진으로 의료기관을 찾은 환자의 60%가 50대 이상인 것으로 나타났다. 특히 일교차가 심한 환절기에는 면역력이 저하되기 쉬워 50대 이상 중장년층의 각별한 주의가 필요하다고 한다.

최근 국민건강보험공단이 대상포진 질환에 대한 건강보험 지급 자료를 분석한 결과, 작년의 대상포진 진료인원 중 50대가 25.6%, 60대 18.5%, 70대 12.7%로 전체의 60.9%를 50대 이상이 차지하고 있다.

성별로 보면 여성이 63.5%로 남성56.9% 보다 1.6배 많다. 게다가 이 고약한 병의 환자 수는 줄어들지 않고 꾸준히 증가해 왔다. 2009년 45만 명이던 환자는 지난해 64만 명으로 연평균 7.3% 늘었다

도대체 이 대상포진은 여성들과 무슨 원한이 있기에 여성을 이렇게 괴롭히느냐고 짜증도 내고 화도 내는 것은 J여사만이 아니다. 대상포진에 걸린 여성 가운데는 50대 중년이 가장 많고 특히 오랫동안 스트레스에 시달려 온 여성이 잘 걸린다고 한다.

J여사는 남편의 바람기 때문에 결혼생활의 반을 별거해 왔다. 차라리 이혼이나 했으면 스트레스를 덜 받을지도 모른다는 것이 J여사의 자가진단.

## 면역력 강화는 죽염과 마늘 등 일상식품 속에

여기서 우리가 주의해야 할 것은, '면역력'이다. 국민건강보험 자료에도 나와 있지만 대상포진은 몸의 면역력이 약해지면서 발병한다.

중년 이상 여성에게서 자주 나타나는 것도, 중년 이후가 면역력이 떨어지는 시기여서 그렇다고 한다.

면역력 저하는 대상포진만 해당되지 않는다. 지난해 여름 우리를 공포에 떨게 했던 메르스 등 모든 질병이 면역력 저하를 노린다. 우리는 항상 면역력이 떨어지지 않도록 자기 자신을 관리할 수밖에 없다.

대상포진에 걸리면 바이러스가 지각신경을 따라 퍼지기 때문에 극심한 통증을 동반하며 얼굴이나 허벅지 등 다양한 신체 부위에서 증상이 나타나게 된다.

J여사에게도 위와 같은 증상이 나타났다. J여사는 그 나이에 아직도 문학소녀 취향이 남아 있어서, 선들바람 불기 시작하는 초가을부터 거의 해마다 밤잠을 설쳐가며 책을 읽고, 책 읽고 글 쓰다가 제때 식사를 못하는 것은 물론이고 툭하면 영양실조에 걸려 병원에 가서 링거 신세를 지는 여성이다.

성격도 아주 날카롭다.

면역력 저하는 당연지사다.

그런데 J여사의 대상포진은 어렵지 않게 사라졌다.

여기서 사라졌다고 말하는 것은 당사자인 J여사도 의식하지 못하는 사이에 나았다는 사실이다.

그녀는 짜서 못 먹어, 짜서 못 먹어 하면서도 죽염을 핸드백에 넣고 다니면서 거의 상식常食을 했다.

명태를 삶은 국물과 유황오리 등을 열심히 먹으면서, 대상포진이 난 부위에 죽염수를 꾸준히 발랐다고 한다.

유근피도 구해서, 유근피 끓인 물에 죽염을 넣어 환부에 바르기도 했단다.

죽염이나 마늘이나 명태국물이나 유황오리나 특별한 약이 아니다. 항상 우리 주변에 있고, 구하기 쉽고… 그러면서도 면역력 하나는 확실히 보장하는 흔한 재래식 식품들이다.

면역력을 강화해야 한다. 감기나 몸살이나 대상포진이나 암이나 모두가 면역력 결핍에서 온다.

"난 이번에 면역력 하나는 단단히 키웠으니 병에는 안 걸릴 거예요." 그러고는 "나 말야, 죽지 않을지도 몰라." 하며 혼자서 까르르 웃는 J여사에게서 건강한 웃음을 본다.

# '내 몸이 내 인생을 배신하는 거' 아시나요?

## 인생은 끝없는 장애물 경기의 연속 시리즈

인생은 장애물 경기다. 한 번 넘으면 그것으로 끝나는 장애물 경기가 아니라 계속되는 장애물 경기, 아니 장애물과의 전쟁이라고 해도 과언이 아니다.

개인적으로 나의 내부적 원인에 의해서 생기는 장애물만 있는 것이 아니다. 내부적인 장애물은 물론 사회적으로 생기는 장애물이 사실은 더 무시할 수 없는 장애물이다.

때로는 무시무시하기까지 하다.

내부적인 장애물과 외부적인 장애물 가운데 어느 것이 더 독한 장애물이냐에 대해선 후에 언급하기로 하고 외부적 장애물만 놓고 보더라도 끝이 없는 것 같다.

부모로부터 몸과 마음을 받아 세상에 태어난다. 사실은 태어나기까지 도달하는 데도 장애물이 많았다. 태어나고 싶으냐고 누가 묻지도 않는다. 여기서 우리는 삼불三不로 불리는, 내 마음대로 어쩔 수 없는 장애물을 만난다.

1. 국적을 내 마음대로 택할 수가 없다.
2. 남녀 성별을 내 마음대로 택할 수가 없다.
3. 부모를 내 마음대로 택할 수가 없다.

이 3불도 따지고 보면 장애물 경기 아닌가?

어쨌든 그래서 일단 세상에 태어나긴 한다. 엄마 배 속에서의 장애물 경기는 그나마 엄마가 대신 다 해주다시피 하니까 그런대로 넘어간다. 그러나 일단 태어나고 나면 아무도 대신해 줄 사람 없는, 인생이라고 부르는 기나긴 장애물 경기가 시작되는 것이다.

## 몸이 내 인생을 배신하기 시작하면

아이가 홍역을 치르고 조금 자라면 유치원을 거쳐 초등학교에 진학하면서, 인생 장애물 경기의 본게임이 시작된다. 여기서부터 진학, 취업 등 인생의 무수한 장애물들이 앞을 막는다. 그러나 그 정도 가지고는 장애물이라 할 수도 없다.

진짜 장애물은 내 속에 있다. 가장 지독한 장애물로서 아예 나를 배신해 버리는 장애물. 그 장애물은 바로 내 몸이다.

내 몸이 나를 배신할 때 장애물 경기는 극치에 이른다. 몸이 나를 배신한다는 것은 내 몸이 내 말을 안 듣고, 내가 추스를 수 없는 병에 걸림을 뜻한다. 병에 걸려 내 인생에 계획들이 어긋나기 시작할 때가 바로 내 몸이 내 인생을 배신하는 때인 것이다.

A회장은 최근 말이 없어졌다. 수완 좋은 사업가인 A회장. 멋진 패션에 항상 선글라스를 쓰고 다닌다. 더운 여름에도 정장에 넥타이를 잊지 않는다. 자동차는 항상 벤츠나 클라이슬러 등 세계 최고의 자동차만 타고 다닌다. 슈퍼 바이크<sup>오토바이</sup>인 할리데이비스를 몰고 다니는 60대 A회장은 항상 20-30대의 젊음을 지니고 살았다.

1억 넘는 그림들을, 그저 마음에만 들면 현장에서 현금으로 살 만큼 재력가인 그가 말이 없어졌다. 그의 몸이 그의 인생을 배신하기 시작한 것이다. 전립선암 진단을 받고 필자와 인생과 건강에 대해서 가끔 대화를 나눈다.

B사장은 회사의 모든 직책에서 물러났다. 연간 2천억의 매상을 올리는 7개 기업의 최대주주로서 사회적 영향력이나, 명예도 만만치 않은 그가 은퇴 후 별장에서 필자를 초청했다. 몸무게가 거의 반으로 줄어들었다. 그의 몸이 그를 배신한 것이다. 폐암 말기에 들어선 그를 보고 있으면, 주인을 배신하는 우리의 몸이라는 것이 얼마나 고약한 것인지 알 것 같다.

천하호걸 C회장은 얌전해졌다. 열일곱 살 때부터 어른 노릇을 시작한 사람이다. 어른 노릇이란 바람피우기. 결혼 전에 여자 100명 채우는 것은 초급 단계라고 큰소리치던 C회장이다.

갑자기 모든 여성들과의 교류, 아니 전화 통화까지 다 끊어버렸다. 자궁암에 걸린 부인이 수술을 한 후 철이 들기 시작했다고……. 그러니까 C회장은, 아내의 몸이 아내를 배신하고 아내를 버리는 것을 가만히 보고 있을 수만은 없어서 아내 곁으로 돌아온 것이다.


## 내 몸이 내 인생을 배신하기를 기다리지 말고

필자는 앞에서 말한 A. B. C. 세 사업가들에게 이렇게 말할 수밖에 없었다.

"몸이 우리 인생을 배신하기 전에 몸을 단단히 단속을 해야 합니다."

필자의 이런 의견에 그들은 하나같이 반발한다.

"몸을 어떻게 단속을 해요? 몸이 호락호락 말을 듣나요?"

그렇다.

그게 정답이다.

몸은 호락호락 말을 듣지 않는다.

제멋대로 내 인생을 끌고 가려 하는 것이 바로 우리들의 몸 아닌가?

그래서 가끔 생각한다.

몸이 내 인생인가? 인생이 내 몸인가?

이 엉뚱한 질문에 몸은 대답하지 않는다.

그러나 길은 있다.

필자는 스스로의 몸에게 배신당하기 싫어 뜨거운 쑥뜸 불 맛도 보고 죽염의 짜디짠 소금 맛도 보면서 산다.

뜨거운 쑥뜸 불로 몸을 지지고 짜디짠 죽염으로 절이다시피 간을 맞추지 않으면 언제 내 인생을 배신할지 모르는 내 몸…

내 인생을 호시탐탐 노리고 있는 내 몸아!! 나를 배신하지 말아다오, 내 몸아.

내게는 몸이 하나뿐, 여유가 없다. 몸이 스페어로 하나만 더 있다 해도, 껍질째 구운 마늘을, 그 짠 죽염에 푹푹 찍어 먹는 바람에, 주변 지인들로부터 그로테스크, 엽기 남편 등의 별명을 듣지 않아도 좋을 것 아닌가?

아니, 그로테스크 아니라 더한 소리를 듣더라도, 몸이 나를 배신하는 일만 일어나지 않는다면 늙어도 걱정 없이 편안한 마음으로 지낼 수 있을 것이다. 그러나 몸이 하나니 면역이나 키우며 살 수밖에.

# 암세포가 까불지 못하게 하는 방법이 있다면…….

## 2년간 간암 수술을 여섯 번이나 했던 절친의 부인은…

필자의 절친이, 그 아내의 간암으로 해서 슬픔과 절망에 싸여 있다. 지금 얘기하려는 필자의 절친은 언제나 쾌활하고, 노래와 춤을 좋아하고, 사람 사귀기를 즐겨 해서 마당발, 인맥의 달인, 인맥의 왕 등, 유쾌한 별명을 지니고 있다. 하도 사람 만나기를 좋아해서 인맥의 달인이란 소리를 듣더니, 급기야는 인맥의 달인에서 '인맥의 왕'으로 승격되었다.

얼굴만 봐도 유쾌하고 밝고 나날이 즐겁게 사는 친구다. 화를 내거나 괴로워하는 것을 본 일이 별로 없다. 그러던 그의 얼굴에 슬픔과 절망이 깃들고 있었다.

2년 전 초여름 그가 걱정스런 얼굴로 "제 아내가 간암입니다. 수술해야 한대요!" 하며 하기 힘든 얘기를 했을 때, 필자는 가슴이 철

렁했다. 어쩌다가 내 가까운 절친에게 이런 불행이!! 진심으로 울고
싶었다.

필자는 그에게 죽염 마늘 요법과 쑥뜸 요법에 대해서 얘기했다.
그가 관심을 기울이자, 필자가 가까이 지내는 인산가를 얘기했다.
그리고 함양 지리산 속의 인산가로 가자고 했다. 그러면서 필자는
인산 선생이 생전에, 말기암을 비롯한 불치병 환자를 고친 이야기를
들려주었다. 그의 얼굴에 생기가 돌았다. 그래서 그와 함양 인산가
에 가서 김윤세 회장과 상의하기로 시간 약속까지 했다. 그런데 떠
나기 몇 시간 전에 그에게서 전화가 왔다.

그의 아내가 함양 안 가겠다고 버틴다는 것이었다. 그냥 병원에
가서 수술하겠다고 고집을 꺾지 않는다는 것이었다. 그리고 2년이
흘렀다. 그의 아내는 간암 수술을 일곱 번이나 받았다. 일곱 번을
수술했으면, 아마 간이 다 없어졌을지도 모른다는 생각을 하며 필자
는 혼자서 가슴이 아팠다. 그리고 그해 마침내 절친의 아내는 남편
을 배신했다. 남편 혼자 세상에 남겨 두고 떠나버린 것이다.


## 암에 걸릴 확률 37.5%라니 으스스하네!!

국립암센터에 의하면 우리나라 국민이 평균수명81세까지 생존할
때 암에 걸릴 확률은 37.3%, 남성77세은 5명 중 2명37.5%에서, 여성
84세은 3명 중 1명34.9%에서 암이 발생할 것으로 추정됐다고 한다.

이 보고서만 보아도 몸이 으스스 떨리는 사람이 얼마나 많을까. 특히 자기 자신이나 가족 가운데 암에 걸렸던 경험이 있는 사람들은 으스스하지 않을 수 없겠다. 필자도 암에 걸릴 확률 37.5% 속에 속해 있다고 보아야 한다.

그러니까 그 보고서에 의하면 필자도 으스스한 인생을 살아야 하지만, 필자만 그런 것이 아니라 우리나라 남성들이 대체로 그렇다니까, 너무 필자 혼자 으스스할 필요는 없겠지……. 그리고 으스스하고만 있다고 해서 뭐가 달라지느냐 하면 그것도 아니란다. 그렇다면 정말 방법이 없는가?

그렇다면 우리는 과연 언제까지 암에 대한 으스스한 공포심을 버리지 못하고 살아야 하는가?

필자는 그 해답을 면역력 강화에서 찾을 수 있다고 본다.


## 암세포가 까불지 못하게 하는 혹독한 자기 시련

암을 대하는, 암 환자를 치료하는 의사의 의학지식을 못 믿거나 그 치료방법을 비난하고 싶지는 않다. 오히려 그들에게 감사한다. 인류의 질병 가운데 가장 악질적인 질병인 암과 싸우는 의료진의 노력에는 언제나 머리가 숙여진다.

다만 필자는, 암은 물론이고 모든 질병은 수술 같은 극한적 방법보다는 자신의 몸이 이기도록 하는 것이 최선이라고 믿는다. 수술보다는 예방이 필자의 신념이다.

암 그 자체도 무섭지만, 암 수술이나, 수술 이후의 항암제 치료가 더 무섭다는 암 환자나 그 가족의 얘기를 들으면 진짜 으스스해진다.

필자의 형님도 암으로 갔다. 그래서 그 고통이 어떤지를 잘 알고 있다. 다행히 필자는 운이 좋아서 죽염을 만났고 쑥뜸을 만난 덕분에 이 나이 되도록 건강하게 살고 있다거 누구요, 몇 살이냐고 묻는 분?.


## 암을 수술하기 전에, 암이 나를 공격하지 못하도록

면역요법은 수술보다는 스스로의 몸이, 암은 물론이고 모든 병을 이기게 하라는 것이다.

암이 우리의 생명을 노리고 달려들 때, 아니 우리 몸속에서 암세포가 자라 우리의 생명을 노릴 때, 그냥 으스스 하고만 있지 말라.

그보다 먼저 암세포가 우리 몸속에서 까불지(?) 못하게 스스로의 면역을 기르는 일이 먼저다.

그리고 스스로의 면역을 기르는 방법은, 현대의학의 놀랄 만한 능력도 능력이지만 우리 주변에서 쉽게 구할 수 있는 마늘과 죽염 등 거의 민간요법에 가깝고, 스스로 누구나 손쉽게 할 수 있는 길을 우선 택하라고 권하고 싶다.

그리고 그 아내를 추억하며 먼 하늘을 보고 있는 필자의 절친에게, 일찌감치 이런 얘기를 강력하게 들려주지 못한 것을, 얼마나 오랫동안 후회하며 살게 될는지……

# 나이보다 10년은 더 젊게 보이는 이유

## 시아버지 단전에 쑥뜸 뜨는 10대 며느리

지방법원장을 지낸 S는 지인들 중에서 제일 일찍 며느리를 보았다. 장가를 일찍 가서 며느리를 일찍 본 것이 아니라, S의 외아들이 조숙해서 고교시절에 결혼하게 되었다. 그것도 여고생 며느리가 혼전 임신을 하는 바람에 일찌감치 며느리를 보고 친구들 가운데 가장 먼저 손자를 보고 할아버지 소리를 듣게 된 S.

첫 손자를 보던 해에 법복을 벗고 변호사를 개업했다. 재직 시절에 쌓은 경력이 대단해서 아주 잘나가는 변호사가 된 S. 그는 현재 한때 못마땅하게 여겼던 며느리를 딸 이상으로 위하고 아끼고 사랑하는 시아버지가 되어 있다.

그럴 만한 이유가 있다. 쑥뜸 때문이다. 아니, S변호사가 뇌졸중으로 다운됐기 때문이다.

새벽녘, 화장실에 다녀오던 S변호사가 쓰러졌다. 부인은 어쩔 줄 몰라 같이 졸도할 판이었고 외아들은 그 시간에 귀가하지도 않았다. 그런데 사태를 파악한 10대 며느리가 자기 방으로 뛰어 들어가더니 결혼할 때 가져온 장롱 속에서 뭔가 꺼내들고 나섰다. 그리고 시어머니에게 S변호사의 하의를 내려달라는 것이었다.

"제가 어떻게 해볼게요! 믿어주세요!"

놀라는 시어머니에게 이렇게 한마디를 던지고 시어머니가 손을 쓰기 전에 S변호사의 파자마를 배꼽 아래로 쑥 내리고는 단전 자리에 쑥을 올려놓고 불을 붙였다.

"얘가 이게 무슨 짓이야?"

고래고래 고함치는 시어머니에게 며느리는 조용히, 그러나 당차게 한마디 했다.

"제가 아버님을 살려볼게요. 아니면 아버님 돌아가십니다. 방법은 이것뿐입니다."


## 그런데 세 번째 쑥뜸이 다 탈 무렵에…

그 뜨거운 쑥뜸에도 S변호사는 죽은 듯이 꼼짝도 안 하고 있었다. 시어머니는 쑥 타는 냄새, 단전 타는 냄새에 자기도 기절할 지경이었다고 나중에 허풍을 떨었다.

그런데 이게 웬일인가?

세 번째 쑥뜸이 거의 절정에 이를 무렵, 새빨간 뜸불이 그야말로 최고로 뜨거웠을 그 순간이었다.

죽은 듯이 쓰러져 있던 S변호사가 갑자기 벽력같은 고함을 지르며 벌떡 일어났다.

"앗 뜨거 앗 뜨거!!" 하며 S변호사는 단전 위에 얹혀있던 쑥불을 화다닥 털어내며 단전을 들여다보는 듯하더니, "왜 이렇게 뜨거?" 한마디를 지르고는 다시 누워서 긴 한숨을 쉬고는 코를 골고 다시 잠드는 것이었다.

그러나 그 10대 며느리는 시아버지를 그냥 두지 않았다.

"어머니. 아버님 손 좀 붙잡아 주세요." 하더니 시아버지 단전에 또 쑥뜸을 뜨기 시작했다. 그래서 계속 쑥뜸을 뜨는 동안 시아버지 S변호사는 물론 "그만! 그만!" 하며 제지했지만 시어머니와 합세한 며느리의 쑥뜸은 계속되었다.

30장 정도 뜨고 나서야 며느리는 시아버지에게 "그만 주무십시오, 아버님!" 했다.

그 후 S변호사는 언제 앓았냐는 듯 완쾌되어 잘 지내고 있다. 좋아하던 술만 좀 줄였을 뿐 나머지는 변한 것이 없었다.

멀쩡하게 변호사 생활을 계속했고 그 시어머니 역시 쑥뜸과 죽염에 친해져 아주 건강한 생활을 하고 있다.

"아마 그때 우리 며느리 아니었으면 난 이미 죽었을 거야!!"

한 잔 기울이고 나면 S변호사는 지금도 그때 얘기를 한다.

10대 '애며느리'라고, 스무 살도 안 된 계집애가 남의 집 귀한 외아들 꼬여서 애 배고 들어왔다고 괄시 깨나 하던 그 며느리를 지금은 S변호사 부부가 업고 다닐 만큼 애지중지한다.

"애가 아주 예의 바르고 당차요." 시어머니인 S변호사 부인도 며느리 칭찬이다. 그 며느리가 처음 들어왔을 때, 가지고 온 예물을 거들떠도 안 본 시어머니였다. 그 예물 속에 친정아버지는 쑥과 침, 그리고 죽염 등을 넣어 주었던 것이다.

며느리의 친정아버지는 한의사였다. 그래서 며느리는 어려서부터 쑥뜸 뜨는 것을 보고 자랐고, 어려서부터 쑥뜸 연기 속에서 자랐고, 운동하다가 발목이 삐거나 하면 침도 맞고 그 자리에 쑥뜸도 뜨면서 자랐다. 여고 시절엔 등에 종기가 났을 때 그 아버지가 쑥뜸을 떠서 고쳐준 경험 속에 자란 며느리였다.

그리고 한의사인 그 친정아버지는 인산 김일훈 강의가 서울에서 있을 때마다 꼭 참석해서 질문도 많이 하고 개인지도도 받은 인연이 있었다고 한다.


## '금년엔 쑥뜸'이라고 신년지계 세우는 사람들

새해가 돌아와 신년 계획을 세울 때 외국여행, 운동, 외국어 업그레이드 등 많은 계획을 세우지만 최근에는 쑥뜸을 신년계획 가운데 하나로 세우는 사람들도 늘어가고 있는 추세라고 한다.

연초부터, 자기의 몸이 뜨거운 맛을 보게 해서 건강을 세운다는 계획을 세우는 사람들은 진짜 아주 훌륭한 신년지계의 주인공들이라 할 수 있다.

게다가 최근 우리나라 방송의 큰 트렌드는 대체의학, 또는 민간의
학이다. 국민 1인당 소득이 20,000불이 넘는 나라에서 시작되는 건
강에 대한 관심의 고조는 우리나라라고 예외는 아니다.

　그런데 최근의 트렌드는 '건강하게 살자'가 좀 구체화되어 대체의
학 쪽에서 그 해답을 찾으려는 면이 뚜렷하게 엿보이고 있다. 이런
추세는 우리나라만이 아니고 전 세계가 그렇게 가고 있다. 생활의
자연회귀적인 일면이 건강관리나 질병치료에도 나타나고 있는 것
이다.

# 대상포진,
# 아기 낳는 것보다
# 더 아프니 빨리!

## 그 부부가 모든 것 다 놓고 산으로 들어간 이유

MBN의 건강프로 '천기누설'을 애청하는 사람들은, 어지간히 건강지식이 많이 늘어난다고 한다. 재작년인가 어느 부부의 얘기를 시청하며 가슴 아팠던 기억이 있다.

그 프로에서 소개한 부부는 가난해서 화장실 청소를 하며 먹고 살았다. 그런데 대상포진에 걸렸다. 처음에 옆구리에서 시작한 대상포진은 얼굴까지 올라왔고 마침내는 눈을 뜰 수 없는 지경에까지 갔다. 아마도 화장실 청소를 하는 가운데 나쁜 가스로 인해 전신이 대상포진의 공격을 받았으리라고 추리된다.

부부는 마침내 대상포진을 고치기 위해 생업인 화장실 청소를 접고 산으로 들어가 버섯 위주의 자연식을 행한 결과 부부가 모두 건강을 회복했다는 내용의 방송이었다.

솔직히 감동받았다. 부부가 똑같이 다른 곳도 아닌 눈에 대상포진이 와서 고생 고생하다가 결국은 투병 끝에 건강을 찾았다는 그 방송은 많은 사람들을 감동시켰을 것이다.

그들 부부의 얘기는 감동뿐 아니라 그 방송을 본 사람들에게 건강에 관한 지식과 지혜도 선물하고 있었다. 최근 우리나라 TV에서 일종의 트렌드로 등장하고 있는 대체의학 관련 방송은 대체의학에 대한 지식과 지혜를 주고 있을 뿐 아니라, 언론에서의 이런 트렌드가 동기가 되어 대체의학에 대한 새로운 인식이 대두될 수도 있다는 점에서 매우 긍정적이다.

솔직히 고백을 하자면 그 대상포진 부부 얘기가 방송될 즈음해서, 필자도 대상포진에 걸린 것이 아닌가 하는 의문을 잠깐 지니고 있을 때였다.

아침에 자고 일어나면 왼쪽 허리 부분에서 어깨뼈 부분까지 무엇에 쓸린 것처럼 부분적으로 쓰린 기분이 났다. 무엇에 긁힌 것 같기도 하고, 한여름이라 혹시 모기 같은 물것에 물린 것이나 아닌가 하고 있었다. 속으로 그런 감각이 있는 것은 아니고 겉으로 피부에만 그런 감각이 왔었다.

아내에게 얘길 했더니 처음엔 건성건성 듣다가 며칠간 계속되니까, "아니 혹시 당신 대상포진 아닐까?" 하는 것이었다. 아내가 그렇게 놀란 것은, 아내와 절친인 우리나라 최고의 여류 드라마 작가가 대상포진 때문에 혼난 것을 알고 있기 때문이었다.

어느 날 집에 들어가니 아내가 "대상포진 무섭대요. 애기 낳는 것보다 더 아프대요. 당신 빨리 병원에 가 봐요!!" 이러는데 나도 겁은 안 나지만 관심이 갔다.

더구나 그 통증으로 말한다면 '아기 낳는 것보다 더 아프다'니 그것도 다른 사람 아닌 우리나라 방송계 최고의 드라마 작가가 직접 체험한 사례를 얘기하는데 신경이 쓰이지 않았다면 거짓말이 되겠다.


## 아내가 내 신상 문제에 겁내는 이유

대상포진의 원인이나 증상에 대한 설명을 보면 거의 일반화되어 있다. 답변이 거의 비슷비슷하다는 얘기다. 면역력이 떨어져서 생기는 병 가운데 하나이고, 증세는 처음에 통증이 오고 수포가 생기고 시커멓게 변하고, 그러다가 딱지가 앉는데 통증은 이루 말할 수 없을 정도라는 것이다.

조금 학술적으로 설명하는 의사의 말도 거의 비슷하다. 대상포진의 통증은 감각 이상을 동반하고 피부에 물집이 생기고, 열이 나며 전신이 나른하게 쇠약감이 온다는 것이다. 척추를 중심으로 띠 모양의 발진이 생긴다고 말하는 한의사도 있다.

대상포진은 몸통, 엉덩이 부분, 팔다리 등에 주로 나타나지만 얼굴에 생기기도 한다. 앞에서 말한 방송에 나온 대상포진 부부는 눈에 났다고 하지 않는가? 그러나 결론부터 말하자면 내 경우는 위의 증상과는 거리가 멀었다. 심하게 아프지도 않았고, 물집도 없었고 딱지는 더더구나 생기지도 않았다. 통증이라는 것도 피부가 약간 쓰리다 싶을 정도였으니 대상포진이 아닌 것은 분명했다.

그러나 아내는 병원에 가 보라고 하루에 열 번은 더 나를 다그쳤다. 아내 주변에 대상포진 앓은 사람이 몇 있었다. 또 그동안 나는 아내를 많이 놀라게 했다. 사업에 실패해서 살던 집을 비롯해 전 재산이 하루아침에 없어지는 구경도 시키고, 여러 가지 힘든 일을 겪게 해서 아내는 나로 인해 많이 놀랐다.

어쨌든 필자는 대상포진은 아니었고 걸릴 이유도 없다. 왜냐하면 식생활 자체가 면역력을 강화해 주는 쪽으로 운영되고 있으니, 면역력 부족에서 온다는 대상포진과 거리가 멀 것은 당연한 일.

우리 집에서는 거의 매일 모든 국이나 찌개를 명태 고은 국물로 끓인다. 면역력 강화에 좋은 명태 고은 물은 물론이고, 전 세계 모든 의학자들이 항암식품 1호로 꼽는 마늘로 말하라면 1년에 2,000통 이상 먹는다.

그 외 몸에 좋다는 자연식도 수십 년째 먹고 있다. 우리 집 밥상에 조미료 없어진 지는 30년도 훨씬 넘는다. 김치는 물론이고 간장, 된장 등 모든 음식에 죽염이 들어가고 있다.


## 재산이 몸밖에 없다. 그래서 재산관리 잘해야 한다

이번에 내가 놀란 것이 하나 있다.

우리나라 대체의학에서는 대상포진이라는 것을 우습게(?) 여기고 있다는 사실이다. 즉 우리가 난치병으로 알고 있는 그 대상포진을 대체의학은 무겁게 생각하지는 않는다는 놀라운 사실을 발견하게 된 것이다. 특히 인산죽염 메이커인 인산가에서는 더욱 그렇다.

그도 그럴 것이 인산가가 세상에 최초로 내놓은 인산죽염은 대상포진의 예방약 역할은 물론이고 대상포진에 걸린 환부에 바르는 것으로 치료가 된다는 것이고 치료사례도 있다는 것이다. 그 외에 유황오리 진액도 대상포진 예방 식품이고 치료 식품이 되고 있다고 한다.

아내가 대상포진으로 걱정하고 의심했던 필자의 피부에 생겼던 상처 같은 것은 그해 여름 운동을 너무 힘들게 한 때문으로 대개 결론이 났다. 대상포진과는 관계가 없다는 결론을 내렸다.

또 필자가 지난봄부터 여름을 거쳐 오며 운동을 힘들게, 솔직히 운동을 과도하게 한 것 아닌가 생각된다. 그렇다고 운동량을 줄일 생각은 전혀 없다. 오히려 시간만 되면 체력강화 운동량과 종류를 늘이고 싶을 정도이다.

왜냐하면 필자는 재산이 몸밖에 없다. 그러니 재산관리를 잘해야 된다.

우리나라가 아직도 대체의학에 대한 인식이 부족해서 그런지는 몰라도, 만약 대체의학을 양의학과 마찬가지로 인정하게 된다면, 아토피나 대상포진 같은 어렵다는 병도 치료에 있어, 크게 당황하지 않고도 될 것이란 생각을 해본다.

허기야 암 같은 경우도 백이면 백 마늘을 얘기하고 있다. 만일 암에 최고의 치료는 항암제라고 생각하는 전 세계의 학자들이 마늘 죽염을 보면 어떻게 평가할지 궁금하다.

# 갑상선암이
## 암 발생 순위 1위였다가
## 2위 된 이유는

## 0.5cm 이하의 결절(혹)까지도 수술하게 했던 과잉 진단

갑상선암은 한때 우리나라 국민 암 발생 순위 1위였다. 1년에 4만 명까지 치솟았던 갑상선암 환자는 2009년 이후 6년 동안 계속 암 발생 순위 1위를 유지하다가, 2015년에 2만 명대로 떨어지면서, 암 발생 순위 2위로 내려앉은 것이다. 이 문제에 대해 보다 구체적이고 정확하게 알기 위해 지난 2016년 6월 10일 조선일보 기사를 잠깐 되돌아보자.

'과잉 진료 막으니… 갑상선암 환자 3년 새 반토막'이라는 제목의 조선일보 기사는 아마도 갑상선암과 관련 있던 사람들에겐 쇼킹한 뉴스가 되었을 것이다. 아니 갑상선암에 걸리지 않은 사람들에게도 쇼크가 될 수 있겠다.

"암 환자 발생 1위를 기록하며 4만 명대까지 치솟았던 갑상선암 환자가 작년에 2만 명대로 줄어 갑상선암 과잉 진단의 광풍이 수그러들고 있는 것으로 나타났다. 한국은 최근 10여 년 동안 초음파로 미세한 갑상선암까지 진단하면서 환자가 급증해 과잉 진단이라는 지적을 받아왔다."

이 기사는 섬뜩하기까지 하다. 그러니까 갑상선암 환자가 암 환자 가운데 1위를 차지한 가장 큰 원인은 '과잉 진단의 광풍' 때문이라는 것이다.

2014년 3월 '갑상선암 과다 진단 저지를 위한 의사 연대'가 결성돼 초음파를 이용한 갑상선암 과잉 진단 문제를 제기한 게 결정적 영향을 미쳤다고 한다.

그에 앞서 우리나라 갑상선학회는 2010년 '갑상선에서 발견되는 0.5cm 이하의 작은 결절혹은 검사나 치료를 하지 말고 지켜봐도 된다'는 진단 권고안을 내놓기도 했다.

## 과잉 진단은 과연 환자를 위한 것이었을까…

2014년 3월 '갑상선암 과다 진단 저지를 위한 의사 연대'가 결성돼 초음파를 이용한 갑상선암 과잉 진단 문제를 제기한 게 결정적 영향을 미쳤다.

즉 갑상선암과 관련된 일련의 흐름을 보면, 갑상선암 과잉 진단에 대해서는 의료계 자체 내에서 문제를 제기하고, 의료계 자체 내에서 과잉 진단 반대를 강력히 주장하기에 이른 것이다.

'갑상선암 과다 진단 저지를 위한 의사 연대'라는 이름만 들어도, 그 이전까지의 갑상선암 진단이 얼마나 과잉 진단이었는지 짐작이 간다.

최근 미국 갑상선학회는 과잉 진단을 예방하기 위해 갑상선암의 진단 기준을 1cm로 조정했다고 한다. 이러한 과잉 진단이, 과연 환자를 위한 것이었을까?

과잉 진단이 환자의 삶에 어떤 영향을 미칠까를 생각하면 소름이 끼친다. 아마도 그런 진단을 받은 모든 환자는, 죽음을 생각했을 것이고, 멀쩡한 인생을 정리하기 시작했을 수도 있다.

물론 갑상선암에 대한 과잉 진단 내지는, 아주 작고 미세한 것까지 수술했다는 사실이 좀 심했다고 생각은 하지만, 환자로부터 수술 요청을 이끌어내기 위한, 또는 수술을 권유하기 위한 의도적인 것이라고는 생각할 수는 없다.

## 암 진단이 환자를 절망에 빠뜨리기 위한 것은 아니다

우리나라 갑상선암 환자의 증가는 과잉 검진이 원인이고, 이것이 수술하지 않아도 될 환자를 수술하게 하는, 즉 불필요한 수술로 이어져 환자의 삶에 악영향을 미친다는 논쟁이 2014년 초에 있었다. 이러한 논쟁은 여러 의사와 학자들의 논문을 통해 전 세계에 알려졌고, 일부 전문가들 사이에서 더 이상 한국에서의 갑상선암과 같은 일이 일어나서는 안 된다는 주장이 공론화되기도 했다.

우리 입장에서 말하자면, 원인을 캐기 전에 그 결과만 가지고 볼 때 참 창피하게 된 셈인데, 이 진료 기준1cm 이상은 그 이듬해 미국갑상선학회의 공식 권고안으로 확정됐다. 한마디로 요약하면 이제 갑상선암 환자는 수술의 대상이 아니라 수술로부터 보호받아야 할 대상이라는 것이다.

미국 의학계가 앞장선 이 결정의 의미는 무엇일까? 1cm 이하의 갑상선암은 현미경으로 암세포가 보인다고 해도 실제로는 암이 아니라는 뜻이다.

우리는 암 진단이, 환자를 절망의 구렁텅이에 빠뜨리는 암 진단이, 이번 갑상선암의 경우처럼 과잉 진단의 결과가 아니기를 간절히 바랄 뿐이다.

암을 비롯한 모든 병은, 환자가 그 병에 걸린 후에 그 진단 결과를 과잉 진단이냐 아니냐로 따지기보다는, 아예 걸리지 않는 삶을 사는 것이 무엇보다 현명한 삶임을 알고 있다.

암을 비롯한 모든 병은 걸린 다음에는 고치기가 힘들지만, 병을 예방하는 삶을 살아간다면 갑상선암이건 무슨 암이건, 무조건 공포의 대상으로만 여길 것은 아니라는 점은 분명하다.

다시 말하면 우리 몸의 면역력을 키운다면 감기나 몸살 같은 가벼운 것은 물론이고, 암 같은 중병도 예방할 수 있다는 사실에 대한 확고한 믿음이 있어야겠다.

즉 암은 예방할 수도 있고, 불치병도 아니라는 사실에 대한 인식이 필요하다. 이러한 인식을 갖기 위해선 역시 전문가의 의견을 참고하는 것이 가장 좋다.

모든 병은 발견된 후에 당황해서 이리 뛰고 저리 뛰며 난리를 칠 것이 아니라, 미리미리 예방한다면 오히려 치료 경비도 줄고, 정신 건강에도 해롭지 않을 것이다.

그리고 여기서 미리미리 예방이란, 말할 것도 없이 면역력 강화를 말한다. 면역력이란 다시 말해서 질병에 대한 사전 체크 시스템이고 치료 시스템이니까.

# 독감과 지카는
# 왜 우리를
# 따라다니나?

## 음력설 전후해서 우리를 겁주는 독감과 지카

작년 1월은 최근 수십 년간의 1월보다 따뜻했다고 한다. 그런데
도 겨울 막판의 독감 환자가 크게 늘어 비상이 걸리기도 했다. 황금
연휴도 망치고, 연휴 끝 일상에 복귀하지도 못하는 사람들이 늘면서
여기저기 아우성이었다.

독감에 걸려 출근도 못 하는 안타까운 직장인도 흔하게 눈에 뜨
였다. 질병관리본부에 따르면 지난 1월 31일부터 6일까지 38도 이
상 고열과 기침, 목 아픔 등의 증상을 나타낸 인플루엔자 의심 환자
수가 외래 환자 1천 명당 41.3명에 이르렀다. 이는 이번 겨울 인플
루엔자 유행주의보 수준1천 명당 11.3명의 약 3.7배나 되는 수치다.

비슷한 시기에 지카 바이러스라는 괴물이 나타나 인류를 긴장시
키고 있다. 모기에서 임산부에게로 옮겨지는 이 병은 태아에게 바로

전이되어 소두증이라고 하는 병에 걸리게 한다. 소두증은 두부頭部 및 뇌가 정상보다도 이상하게 작은 선천성 기형의 하나라고 한다.

얼마나 끔찍한 일인가?

작년 8월에 브라질 리우데자네이루에서 개최된 올림픽의 축제 기분은 지카 덕분에 반 이상 망가졌다고 한다. 이 기간 중 젊은 남녀의 섹스가 무한대로 자유로워짐을 염려한 리우데자네이루 당국은 지카 예방을 위해 거리에서 행인들에게 콘돔을 나누어주는 이색 풍경까지 연출하고 있었다.

지카 바이러스가 면역체계가 미치지 못하는 장기에 숨어 치료를 더욱 어렵게 한다고 영국 일간 데일리메일이 지난 해 2월 15일현지시간 보도했다. 이 고약한 지카 바이러스는 고환·태반·뇌 등 '면역 특권' 장기에 잠복한다는 것이다.

지카 바이러스는 혈액뿐만 아니라 정액, 신생아의 뇌 조직, 태반, 양수 속에서도 발견되고 있다. 의학 잡지 '신종전염병'에 따르면 68세 남성의 정액에서 두 달 넘게 지카 바이러스가 살아남은 것으로 조사됐다. 위협적이고 겁난다.


## 일회용 주사기 재사용에 네티즌들이 들고 일어났을 때

독감과 지카 바이러스는 어쩔 수 없는 부분도 있으니 그렇다 치자. 일부러 그런 것은 아니라고 치자. 그렇다면 일회용 주사기 재사용은 또 뭔가? 1회용 주사기 재사용으로 수백 명이 간염에 집단 감염되고, 보건복지부는 주사기 등 1회용 의료기기를 재사용하는 것으로 의심되는 의료기관에 대한 신고를 접수한다고 밝혔다. 즉 1회용 주사기를 재사용하는 의사나 병원을 고발해 달라는 것이다.

국회도 나섰다. 주사기 재사용 처벌 강화법이 국회 복지위를 통과했다. 만약에 어느 병원이 한 번 쓴 주사기를 재사용할 경우 최대 5년 이하 징역에 처한다는 법률안이다.

인터넷에서 네티즌들도 와글와글이다.

"재사용하면서 죄책감 정도는 느꼈을까? 남이야 병들어 죽든 말든 자기 배부르면 그만인가?"다음 아이디 '아침이슬2',

"이건 살인 행위나 마찬가지다."네이버 아이디 'ahn0****'.

## 면역력 강화와 이 봄 나의 '마늘 없는 인생'은…

우울하다.

독감과 지카는 그렇다 치자. 예고 없는 괴질의 출현은 인간의 힘으로는 불가항력일 수도 있다. 그러나 일회용 주사기 재사용은 정말 창피한 일이다.

100원을 아끼기 위해 재사용한 주사기 덕분에 수백 명이 집단으로 간염에 걸려야 했다니, 그런 인간들이야말로 '독감이나 지카 바이러스 같은 못된 바이러스'라는 어느 네티즌의 분노가 이해가 간다.

지카 바이러스가 면역체계가 미치지 못하는 장기에 숨어 치료를 더욱 어렵게 한다지만, 그래도 우리는 꾸준히 면역체계 강화를 생활화하는 수밖에 없다. 면역체계 강화가 생활화된다면 겁나는 병에 걸리는 일도 없어지고, 못된 병 걸리면 어떡하나 걱정 안 하고 살 수도 있을 것이다.

필자는 나이보다 좀 젊어 보인다 해서 가는 곳마다, 거의 만나는 사람마다 건강의 비결을 묻는다. 그러니 자연히 스스로의 건강 얘기를 할 수밖에 없다.

"저는 재산이 몸밖에 없습니다. 그래서 재산관리를 잘하고 있습니다."

첫마디가 이렇게 시작되는 건강강의도 있다. 강의 내용 중에는, 면역력 강화를 마늘에 의존하고 있다는 점도 빼놓지 않고 자세히 소개하고 있다.

사실은 몇 년 전부터, 마늘이 출하되는 8월부터 가을을 거쳐 다음 해까지, 계속 마늘을 구워 죽염에 찍어 먹었다. 아내는 그럴 것이 아니라 마늘을 하루도 거르지 말고 매일 조금씩이라도 먹자고 제의했다.

그런데 웬걸! 면역에 좋다는 유황밭 마늘은 시중에 바닥이 났다. 작년 메르스가 기승을 부릴 때 서양의학, 한의학 할 것 없이 면역력 강화에는 마늘이 최고라는 발표가 있은 이래, 그리고 그것을 식약처가 인정한 이래 마늘 마니아들이 점점 늘고 있기 때문에 마늘이 일찌감치 동이 났다는 것이다.

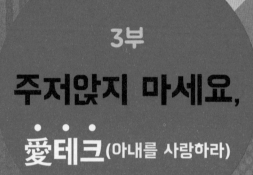

3부

주저앉지 마세요,

愛테크 (아내를 사랑하라)

# 혼자 낳는 아이와
# 둘이 낳는 아이

## 아픔도 공유하자는 잉꼬부부의 출산철학

수중분만을 모르는 엄마 아빠는 없다. 물론 수중분만으로 태어나는 아기가 많지는 않다. 주영훈, 이윤미는 연예계에 소문난 잉꼬부부. 아저씨 같은 남편 만나, 소리 없이 알콩달콩 잘 살더니 수중분만으로 둘째를 낳으면서 화젯거리가 되었다.

주영훈은 이제 다른 건 몰라도 출산하는 산모의 아픔은 이 나라에서 가장 잘 아는 몇 안 되는 아빠 축에 들게 됐다. 따라서 이윤미도 남편 품에 안겨 둘째를 낳는 몇 안 되는 엄마 축에 들게 됐다.

길게 설명하지 않아도 이런 경우를 우리는 愛테크라 부른다.

세상에 혼자 태어나는 아기는 없다. 엄마의 배 속에 잉태될 때도 아기는 혼자 잉태되지 않는다. 엄마와 아빠가 사랑해야 되고, 愛테크를 곁들여야 하고, 자연의 섭리가 생명 창조의 의지로 아기를 잉

태하게 한다. 태어날 때는 어떤가? 지구상의 많은 엄마들이 혼자 출산한다. 병원 분만실에서, 또는 집안에서……. 출산에는 대개 아빠가 참여하지 않는 것으로 되어 있었다.

특히 여자만이 겪는 출산의 아픔은 남편과는 전혀 무관한 것으로 인식되는 것이 우리네 옛날 부부들의 아픔철학이고 출산철학이었다. 출산하는 아내의 아픔은, 다시는 아기를 갖지 않겠다고 이를 악무는 모진 각오를 수반하게도 했다. 그리고 그 모진 각오를 언제 그랬느냐는 듯 잊고 다시 출산에 임하는 것이 우리네 그 옛날 산모들의 모습이었다.


## 띠동갑의 나이 차를 극복한 주영훈·이윤미

이윤미의 수중분만과, 출산의 아픔을 함께하는 주영훈의 모습이 MBC-TV '휴먼다큐 사람이 좋다'에 공개됨으로써, 우리는 다시 한 번 출산의 아픔과 부부애를 생각하게 되었다.

그 수중분만을 방송한 MBC '휴먼다큐 사람이 좋다'는 주영훈·이윤미 부부의 둘째 딸 출산의 현장을 담았다. 두 사람은 둘째 딸의 출산 방법으로 자연주의 출산인 '수중분만'을 선택했다.

이윤미는 이러한 결정에 대해 "출산의 두려움을 지우면 축제의 분위기로 즐길 수 있겠다는 생각이 들었다. 가족들이 하나로 더 뭉칠 수 있을 것 같다."는 생각에 자연출산, 그것도 수중분만을 택했다고 털어놓았다.

산통産痛을 하는 이윤미를 안은 남편 주영훈은 힘들어하는 아내를 보며 함께 힘들어했다. 그러다 둘째의 울음소리를 들은 주영훈은 "어머, 나왔어!"라 외치며 으왕 하고 울어버렸고 막 태어난 둘째를 안은 부부는 감격했다.

주영훈은 "병원에서는 아이를 낳자마자 아이를 데려갔다. 탯줄을 자르고 병실로 가버려서 이런 느낌이 없었다."며 "이번에는 내 몸 위에서 심장이 뛰고 있는 게 너무 신기하다."는 심정을 드러냈다.

항상 젠틀하고 얼굴에 웃음기가 떠나지 않는 주영훈의 출산 고통을 함께하는 모습과, 으앙 하고 울음을 터뜨리듯이 크게 우는 모습은 SNS에서 칭찬과 감격의 코멘트가 계속 날아오르게 했다.

앞으로 주영훈·이윤미 부부의 아픔을 함께하는 수중 분만은 두고두고 감격적인 부부애의 명장면으로 팬들의 머릿속에 남아 있을 것이다.

그리고 수중분만을 택한 여자 이윤미는 진짜 멋진 여자였다. 출산 후 '사람이 좋다'에 출연한 이윤미는 특히 프로 말미에서 수중분만을 택한 자기 자신을 어떻게 생각하느냐는 질문에, 신중하게 대답하려는 듯, 잠시 입을 다물었다.

그러다가 방그레한 웃음을 입가에 짓더니 자기 스스로를 "정말 멋진 여자야!"라고 자화자찬하는 바람에 방송을 보던 시청자들이 빵 터지며 박수를 보내기도 했다. 이 부분의 박수 소리가 SNS를 또 한 번 달궜다.

# 그래도 남편은 백일섭처럼 외계인이어서는 안 된다

## 같이 있음으로 생기는 희로애락이 인생이다

결혼은 그렇게 함께 있음이다.

인생이 편하다고 해서 다 좋은 것은 아니다. 홀로 단출하다고 해서 다 좋은 것은 아니다. 혼밥, 혼술, 혼잠으로 간단하다고 해서 다 좋은 것은 아니다. 그래 봤자 늘어가는 건 이기주의고, 줄어드는 건 최측근에 대한 사랑과 관심이다.

졸혼 어쩌고 하면서 당사자야 좋겠지만, 졸혼 당한 그 아내는 어쩌란 말인가? 방송은 졸혼, 혼자 살기를 선동하지 말라. 함께 사는 삶이라야 삶답다. 방송이 저 편한 것만 참는 이기주의 선동의 장場은 아니잖은가?

사람답게 산다는 것이, 단출하게 다 털어버리고, 저 혼자의 안락만을 즐기며 사는 것은 아니다. 이 나라의 많은 남편들이 화가 나도, 지루해도, 권태기가 와도⋯⋯. 내가 택한 여자이니까, 내 아내이니까 내 아이의 엄마니까 하며 산다.

그렇게 살다 보면 애정도 다시 생긴다. 애정이라는 것이 한 번 시들면 그만이다, 로 믿는 것이야말로 진짜 철모르는 외계인이다.

시들었다고 생각할 때 다시 새순이 나오듯, 부부의 사랑도 지루하고 권태롭다가도 어떤 계기가 있을 때 다시 부활한다. 그 계기는 아기의 탄생일 수도 있고 오랜만의 여행일 수도 있고, 철이 들어 뒤늦게 깨닫게 되는 수도 있다.

혼자 있는 걸 자랑 말라. 같이 있음으로 해서 우리 부모도 나를 낳아 주었다. 같이 있음으로 해서 인류는 지금까지 발전해 왔고, 같이 있음으로 해서 상업 방송국도 존재하고 상업 방송국의 드라마도 유지된다.

결혼은 그와 그녀가 시간과 공간을 같이 함이다. 같이 있음이다. 공동의 시간과 공간 속에서 일어나는 온갖 희로애락을 우리는 인생이라고 부른다.

그렇다.

같이 있음이다. 인생은 홀로 있음이 아니고 함께 있음이다. 자신의 인생을 마치 새로 나온 것처럼 보이는 몇 개의 단어에 지나치게 의탁하지 말라.

# 대한민국 결혼은 남자에게는 대박, 여자에게는 피박

나간 사람이 외계인인가, 남은 사람이 외계인인가?

혼밥, 혼술, 혼잠 등 '혼'자<sup>字</sup> 돌림에 현혹되지 말라. '혼'자 돌림을 유행시키는 것을 마치 시대의 첨단을 걷는 것으로 착각하는 방송은, 오직 생각 부족한 이기주의자만을 양산하고 있는 것이다.

특히 백일섭은 '난 외계인이었다'고 자랑 말라. 자칭 공인인 연예인이 사회에 미치는 영향력은 책임의 범주에까지 확대된다. 스스로의 성격적 결함 때문에 배타적이 됐을 수도 있다. 그걸 마치 큰 자랑이나 철학처럼 떠들어 댈 때, 죄 없는 여성들 수백만 명을 외롭게 할 수도 있다.

핑계가 없어서 가출이나 아내 곁을 떠나고 싶을지도 모를, 이 나라의 많은 선량한 남편들을 '혼'자 돌림 말장난 가지고 현혹하지 말라. 좀 괴롭다고 다 집 떠나고, 조촐하다고 다 아내 혼자 두고 나간다면, 누가 있어 결혼을 지켜갈 것인가?

대한민국에서 결혼은 남자에겐 대박이고 여자에겐 피박이다. 피박 쓰고 온 그 아내에게 '졸혼'이랍시고, 독신처럼 혼자 나돈다면 그 아내의 피박은 무엇이 될 것인가?

연합뉴스에 의하면 "백일섭은 졸혼과 관계된 이야기뿐만 아니라 평탄하지 않았던 성장과정도 방송에서 공개했다. 4남매의 장남인 그에게 엄마가 세 분이라는 사실이 이번에 알려졌다. 동생들의 어머니가 다른 것이다."는 점에서 볼 때는, 백일섭의 졸혼 등 고독을 즐기는 습성이, 개인적인 성장과정에서 연유하지 않았나 하는 상상도

할 수 있다.

연합뉴스는 "하지 않아도 됐을 아픈 이야기를 다 해버렸지만, 그는 방송을 통해 얻은 것도 많아 보였다. 아들, 이복동생들과의 관계 회복도 그렇고, 애완견을 통해 얻은 기쁨도 크다."고 해석했다.

그러나 백일섭이 졸혼을 하지 않았더라도, 아픈 과거를 다 털어놓지 않고라도, 부인과 함께 지내고 있었으면 해결됐을 문제 아닌가 하는 생각도 든다.


## '졸혼' '나 혼자 산다' 등으로 '혼'자 선동한 방송

앞으로 100년간 이 나라의 결혼을 책임져라.

물론 연기자로서의 백일섭이 직접 말 안 해도 알 수는 있다.

그 많은 프로그램, 그 오랜 세월의 연기생활 동안 어찌 어려움이 없었겠는가? 사회생활로 바쁜 모든 사람이 겪고 있는 아내와의 갈등이 왜 없었겠는가?

그러나 갈등 있다고 다 외계인이 되는 것은 아니다. 갈등 있다고 모두 '혼'자 시리즈의 유혹에 넘어가는 것은 아니다.

연합뉴스에 의하면, 백일섭이 그간 여러 가지로 힘들었다는 것도 털어놓았다.

"이번에 방송을 통해 동생들과 처음으로 오랜 시간을 같이 있어 봤고 얘기도 많이 해 봤어요. 40여 년 교류가 없었는데 처음으로 여행도 간 거였죠. 그동안은 아버지 제사 때도 동생들이 한 번도 안 왔는데, 내년부턴 아버지 제사 때 다 모이기로 했어요."

그는 이처럼 방송에서 가정사를 공개하는 것에 대해 "그게 일상생활이니까 안 보여줄 수가 없다. 완전히 묻어버릴 수가 없다."고 담담히 말했다.

하지 않아도 됐을 아픈 이야기를 다 해버렸지만, 그는 방송을 통해 얻은 것도 많아 보였다. 아들, 이복동생들과의 관계 회복도 그렇고, 애완견을 통해 얻은 기쁨도 크다.

바로 이 점이다. 주변에 있어야 할 사람들, 형제, 일가친척들이 그의 외로움을 알고 달려와 주지 않는가?

방송의 '혼'자 돌림 시리즈가 '패밀리 리유니온Family Reuniuon'을 위한 역설적 이기주의 선동이었다면 이해가 가지만, 그건 아닌 것 같다. '혼'자 시리즈가 계속 된다면, 이 나라 국민들의 이기주의에 대해 방송은 앞으로 100년간 책임져야 할 것이다.

# 남편은 아내의 기운이고, 아내는 남편의 스태미너다

## 기운 내자, 외치는 아내의 다짐

우리 집 주방 한쪽 벽에는 얼마 전 구입한 화이트보드가 하나 걸려 있다. 아내는 잊어버리지 않기 위해서라며 여러 가지를 거기에 메모한다.

병원 갈 스케줄, 약속 시간과 장소. 그런가 하면 그날의 살림살이 계획이나 요리 레시피도 메모되곤 한다. 그런데 그날 아침 문득 화이트보드에 눈이 간 필자는 잠시 몸이 굳어버리는 듯했다.

"기운 내자!"

가슴이 갑자기 서늘해졌다.

최근 들어 자주 피로해하는 아내는 이른 아침에 잘 일어나지 못할 때도 있다. 내 출근길 챙겨준다면서 새벽 일찍 일어난 날은 더욱 힘들어한다. 기운이 없어서다. 솔직히 아내가 기운만 차릴 수 있다면 19금 사진이라도, 아니 더 야한 동영상이라도 구해다가 보여줄 수도 있겠다.

기운 내자! 아내는 얼마나 기운이 없으면 기운 내자! 스스로 외쳤을까? '기운 내자' 네 글자를 보고 눈물이라도 확 쏟고 싶었다.

아내는 당뇨로 기운을 못 차릴 때가 많다. 얼마나 기운이 없으면 기운 내자고 자기 스스로를 격려하고 있을까?

자기격려라는 것이 있다.

객관적으로, 외부적으로 도저히 잘 풀리지 않을 때, 그냥 있으면 주저앉을 것 같은 무력감이 전신을 휩쌀 때, 사업에 실패하여 이 세상에 홀로 버림받은 것처럼, 아무도 주위에 없는 것처럼 삭막할 때는 자기격려가 주저앉지 않는 한 방법이기도 하다.

예를 들면 아침에 일어나자마자 세면실로 달려가, 거울 속에 보이는 자기 자신을 향하여 "넌 잘할 수 있어! 넌 능력 있어!" 하고, 거울 속에 보이는 자신에게 다짐하는 것도 자기격려다.

## 거울 속의 나를 향해 '넌 할 수 있다'를 외치면!!

현대는 자기격려가 필요한 세상이다. 직장에서 일이 잘 안 풀리고, 회사가 누적되는 적자로 감원을 계획할 때, 그래서 조마조마 잠이 오지 않는 직장인에게 그날 밤 필요한 것은, 한 병의 소주가 아니라 자기격려다.

"넌 잘할 수 있어! 여태껏 잘했지 않아? 잘할 수 있어!!" 하고 두 주먹 불끈 쥐고 외치는 자기격려.

우리는 지금 너 나 할 것 없이 자기격려가 필요한 시대에 살고 있다. 부부간에는 물론이고, 직장인도 실업자도 모두 자기격려가 필요하다. 지난 5월 대통령에 취임한 문재인 대통령도 자기격려가 필요하다.

24번 입사 지원 서류 내고, 14번 면접 보고, 최종 면접에서 불합격된 그 젊은 여성백수도 자기격려가 필요하다.

부처님을 찾는 것도, 주저앉으려는 자신을 추스르기 위한 자기격려다. 하느님을 찾는 것도 자칫 주저앉을지 모르는 자기 자신에게, 그러지 말라고 기운 차려야 한다는 자기격려다.

그 자기격려가 하느님이나 부처님과 마주할 때는 신앙이 되기도 한다. 신앙은 그렇게 자기격려의 큰 원동력이기도 하다.


## 내 직업이 아내 기운 빼앗기였던가?

필자는 사업 실패로 너무 오랫동안 아내의 기운을 빠지게 했다. 그런 일들이 아내의 기운을 빼앗아 간 것 같다.

대한민국의 남편들아 실패하지 말라. 직장에서고 사업에서고 실패하지 말라. 남편의 실패가 아내의 기운을 다 빼앗아 간다.

아내가 기운이 없을 때 기운 팍 날 무슨 기적 같은 약이라도, 기운

나는 음식이라도, 기운 나는 사진이라도 있었으면……. 기운 나는 야동이라도 있었으면……. 기운 나는 노래라도 불러주었으면 얼마나 좋을까? 아니면 기운 나는 한 줄기 눈물이라도 확 흘려버렸으면 좋으련만…….

이제 내가 아내의 기운이 되는 것밖에는 다른 방법이 없다. 내가 이 나라에서 명색이 '아내 사랑 대변인'인데, 내가 이 나라에서 명색이 '대한민국 페미니즘의 원조'인데 정작 내 아내에게는 '기운 빠지게 하는 남자'가 돼버렸다니…….

아니지.

기운생동하자.

그 부르짖음 같은 아내의 '기운 내자' 네 글자는 내게 보내는 격려사일 수도 있다. 아내가 기운 내도록 내가 먼저 기운 내자. 그것이 아내의 '기운 내자'에 대한 내 답례일 수도 있다. 기운 없을 때는 기운 내는 게 제일이다. 아내가 기운 없을 때는 남편이 그 아내의 기운이 돼주는 게 제일이다.

많은 사람들에게 주저앉지 말자는 충고를 하면서, 실은 아내에게는 왜 주저앉지 말라 소리를 못 했던가? 주저앉고 싶어서, 아니 주저앉기 싫어서 아내는 스스로 '기운 내자'고 자기 격려를 하고 있는 것이다.

내가 그의 기운이 돼줘야 하는데, 진짜 주저앉지 마라.

주저앉지 마라, 소리는 어쩌면 하도 많이 주저앉은 내 자신에게 하는 소리일 수도 있다.

## 맞벌이 아내 출근 뒤, '이잘남'의 탄생

맞벌이 아내는 고달프다. 직장과 가정 사이에서, 특히 남편이 외조하지 않으면 고달플 수밖에 없다. 맞벌이 아내는 미안해하고 있다. 남편과 아이들, 그리고 시부모님에게 해야 할 일을 못 하고 사는 것 같은, 그런 마음으로 사는 것이 한국의 맞벌이 아내들이다.

맞벌이 아내는 얼굴도 둘이어야 한다. 가정에서의 얼굴과 직장에서의 얼굴. 그러나 맞벌이 아내에게 가장 힘든 것이 무어냐고 물으면 남편의 비협조라고 말하고 싶어 한다.

이 구절에서 한국의 남편들아, 뉘우쳐야 한다. 그리고 맞벌이 아내에게 협조하라. 맞벌이 아내가 성공하도록 외조하는 남편이 되라.

내 이름은 '이잘남.'

맞벌이 아내 출근하는 시간에 깊은 잠에 빠져 누운 채 맞벌이 아내 출근시킨 바보다. 뒤늦은 고백이지만 아내가 내 고백을 받아주었으면 하는 심정이다.

아내는 오랫동안 워킹맘이었다. 직업은 선생님. 여고 고3 담임이었다. 고3 담임 하면 '피로하겠다' 소리가 먼저 나오는 것이 한국의 고3 선생님들이다. 이른 새벽 그래도 일찍 눈을 떴는데 아내는 이미 곁에 없다. 워킹맘 아내는 벌써 출근한 것이다. 식어버린 베갯머리…….

입맛을 다시고 일어나서 이불을 개키다가 문득 "이왕 이불을 개킬 바에야 한국에서 이불 제일 잘 개키는 남자가 되자." 했다.

그렇다. "나는 '이잘남.' 이불 제일 잘 개키는 남자다."

나는 이러면서 "야아 난 정말 창의적이고 위트 있는 남자야…….." 어쩌고 자기 만족했다. 그리고 한창 TV의 MC로 방송을 누비던 시절, '이잘남'은 내 히트 멘트였다. 그러나 나는 지금 당시 맞벌이 아내였던 내 아내에게 사과한다. 새벽에 나가는 맞벌이 아내, 나는 아내의 출근 이후에도 더 잠들고 있었다.

맞벌이 아내의 남편 여러분. 맞벌이 아내의 출근시간까지 침대 속에 있지 말 것.

잊지 말 것. 절대로 남편이 잠든 사이에 맞벌이 아내가 출근하게는 하지 말 것.

"아내는 독박이다. 육아독박에, 가사노동 독박에…남편은 알아야 한다. 가사독박, 육아독박에 시달린 아내는 둘째 낳기를 거부한다. 그래서 독박아내의 출산거부로 인구 절벽은 점점 가파로와진다.

## 아내의 지방발령, 집을 그 지방으로 이사한 남편

같은 직장 다니는 맞벌이 아내가 지방으로 발령 나자, 아내가 발령 난 지방으로 집을 옮겨 외조하는 남편은 80년대 어느 방송국에 서였다.

남편과 아내가 같이 근무하고 있었다. 퇴근 때는 따로인 경우가 더러 있었지만 나란히 출근하는 그들을 이웃들이 부러워했다. 특히 맞벌이 아내인 그녀는 이웃 아줌마들의 동경의 대상. 그런데 80년 대라는 그 특수한 시기에, 방송 종사자들이 자유를 외치던 시기에 그 '외친 것'과 연관되어 아내가 지방으로 발령이 난다. 사흘 밤을 울며 새운 아내는 자신이 사표 내기로 결심한다.

그런데 남편이 만류했다. 아내의 수입이 줄어들어 만류한 것은 절대로 아니다. 일하는 여성의 삶의 가치를 아는 남편은 용단을 내린다. 집을 아예 아내가 발령받은 지방으로 이사해버린 것이다. 자기는 지방에서 출퇴근해도 견딜 수 있지만 맞벌이 아내에게는 무리라고 생각한 데서 오는 큰 외조였다. 덕분에 아내와의 애정은 더욱 깊어지고, 아직 학교 다니는 아이가 없는 집이어서 큰 무리는 없었다. 맞벌이 아내의 남편이라면 이 정도 외조는 기본 메뉴로 알아야 한다.


## 맞벌이 아내 남편의 엉뚱한 걱정

맞벌이 아내가 밖에서 많은 남자를 만날 텐데, 그러다가 바람피우면 어쩌느냐고 걱정하는 남편도 있다. 그러나 바람피울 여자는 남편을 곁에 두고도 바람피운다.

필자가 한창 여성잡지 여원을 발행하던 시절. 사실 좀 바쁜 편이었다. 때로는 라디오 TV 합쳐서 7개 프로의 MC를 보거나 고정 출연할 때이다. 잡지는 여원, 직장인, 소설문학, 뷰티라이프 등 8개였고, 거기다 하루에 평균 2건 강의를 해야 했다.

그 와중에 컨설팅 요청이 적지 않았다. 그 가운데 맞벌이 아내의 바람기에 대한 컨설팅을 받은 일도 있다. 그 남편은 결혼 전 직장생활 하다가 첫 아이 낳고 들어앉았던 아내가 다시 직장에 나가겠다는데, 그랬다가 바람피우면 어쩌느냐고 걱정이었다.

필자는 그를 설득했다.

"당신 부인은 능력 있는 여성이다. 맞벌이 아내 아무나 하는 거 아니다. 맞벌이 아내라고 다 바람피우나? 아니 맞벌이 아내 아니고 집에만 있다고 해서, 바람피울 여자가 바람 안 피울 줄 아느냐? 바람피울 여자는 남편을 100m 곁에 두고도 바람피운다."

둘이서 소주를 거의 5-6병 마시며 하는 필자의 충고에 그는 마음이 풀려 아내의 맞벌이를 결국 찬성했다.

위에 열거한 3가지는 맞벌이 아내와 얽힌 필자의 몇 가지 체험 사례 가운데서 뽑은 것이다. 그 외에도 여러 가지 사례가 있지만 맞벌이 아내의 남편은 대부분 애처가인 경우가 많다.

**자기는 퇴근했는데 맞벌이 아내가 야근하는 날이면 아내 회사 근처에서 기다렸다가 함께 귀가하는 남편의 외조도 있다.

**남편 자신은 컴퓨터 수준이 중급도 안 되었는데 결혼 전부터 컴퓨터 프로그래머였던 아내. 결혼 후에도 출근하는 맞벌이 아내는 때로 일거리를 집으로 가져오기도 했다. 이를 안타까이 여긴 남편…… 자신도 한 1년간 컴퓨터 프로그래머 교육을 받더니 맞벌이 아내의 야근을 도와주는 외조 남편의 모범이 되기도.

**맞벌이 아내의 늦은 귀가에 초 치는 남편. 야근이 좀 많은 어느 워킹맘이 남편 때문에 사표 내야겠다고 컨설팅을 요청한 일이 있다. 맞벌이 아내가 야근하고 늦게 들어오면 '야, 당장 내일부터 그만둬! 벌어야 얼마나 번다구?!' 이러기 일쑤인 남편…….

그 맞벌이 아내에게 보낸 충고. 살살 달래고 때로는 살살 유혹하고 인간관계로 풀라는 충고를 했다. 그리고 그 남편에겐 맞벌이 아내의 피로감, 남편에 대한 미안감 등을 들어 설득……. 결국 외조 남편을 만들고 말았다.

**맞벌이 아내의 수입이나 사회적 지위가 자기보다 높으면 어떡하느냐고 이상한 걱정을 하는 수상한 남편도 있었다. 그런 걱정 하느니 아내가 빨리 사회적으로 성공하도록 외조하는 것이 훨씬 생산적이고 능률적이라는 충고에 마음 가벼워진 남편. 눈치가 빠른 사나이였다.

**맞벌이 아내에 대한 남편의 외조에, 가사노동은 중요한 비중을 차지한다.

맞벌이 아내는 인생의 가치를 일에 두고 있는 여성이다.

필자는, 맞벌이 아내는 훌륭한 여성이라고, 방송과 신문과 잡지를 통해서 수천 번은 강조해 왔다. 그러나 그 맞벌이 아내에게 외조하는 남편은 더욱 훌륭한 남편이라고 생각한다.

맞벌이 아내는 일하며 사는 인생의 가치를 누구보다 잘 아는 여성이다. 그런 아내를 둔 남편이라면 진짜로 멋진 외조로 맞벌이 아내의 인생을 바지랑대처럼 받쳐줄 일이다. 그래서 일하는 아내의 인생이 NG 나지 않도록 돌보는, 일하는 아내의 인생의 멋진 프로그래머가 돼주어야 한다.

## 페미니스트 대통령이 앞장서면 남녀평등 완성될 수도

금년 4월 혁명기념일인 19일 세종로 프레스센터에서 발족식을 가진 한국페미니스트협회는 이상우전 서울신문 발행인, 박승주전 여성가족부 차관, 최병도어린이방송 회장, 전 KBS-TV 9시 뉴스의 앵커 성대석한국 언론학회 회장, 김학상드림오피스 대표이사, 정종완(주)NCC CIALTDA 대표이사, 김영철경우회 상임감사, 김덕작곡가, 전병길(사)한국인터넷신문방송기자협회장, 공한수작사가, 장승재(주)DMZ 관광 대표이사 등 언론계와 사업계 인사들을 주축으로 30여 명이 참석하여 창립되었다.

축사에서 최금숙(사)한국여성단체연합회 회장은 "사회적으로 중요한 위치에 있는 분들이, 여성을 위해서 페미니즘협회를 창설해 주심에 감사한다. 이런 운동이 국민운동 차원으로 확대되기를 기원한다."며 기대감을 보였다.

문재인 대통령이 선거공약으로 "페미니스트 대통령이 되겠다."고 선언한 이후 페미니스트 내지는 페미니즘에 대한 관심이 높아지긴 했지만, 일반 국민들의 의식 속에 페미니즘 내지 페미니스트는 아직 확고히 자리 잡지는 않았다고 보인다.

"4.19 혁명기념일에 페미니스트협회를 발족한 것은, 혁명하는 마음으로 페미니즘 운동을 하겠다는 뜻을 강조하기 위해서였다. 그러나 보시다시피 아직도 페미니즘이란 용어나 콘셉트가 낯설어 이 자리도 이처럼 성황을 이루지는 못했다. 오늘 참석이 부진한 것을 보니, 우리나라에서 페미니즘 운동이 힘들 수도 있겠다."

부족한 필자를 한국페미니스트협회 초대 회장으로 선임해 준 회원들 앞에서 필자는 한국에서의 페미니즘 운동이 쉽지 않으리라는 점을 강조했다.

'혁명하는 마음으로 4월 19일 혁명기념일을 택한 것'인데 진짜 혁명하는 기분으로 하지 않으면 안 될 것 같다.


## 문재인 후보에게 마음먹고 보낸 충고

필자는 이런 뜻을 선거 기간 중 문재인 후보에게도 전달했다.

여원뉴스의 칼럼란을 통해 "페미니스트는 입으로만 되는 것이 아니다, 여성문제 해결은 혁명하듯, 목숨 걸고 해야 한다."고 전제하면서, "모처럼 잠용 가운데 한 사람인 문재인이 '페미니스트 대통령이 되겠다'고 선언했다. 그가 제시한 약속대로 실천만 된다면, 이 나라의 여성문제에는 거의 걱정거리가 없다."고 썼다.

칼럼은 이어서 "문재인 후보가 페미니스트가 되겠다고 선언하며 내건 약속은 *육아 환경 개선, **여성 고용 차별 개선, ***비정규직 노동 환경 개선, ****'젠더 폭력' 범죄 처벌 가중" 등으로, 나열식으로 엮은 것이긴 하지만, 그래도 잠룡으로서의 의지가 보인다."고 문재인 후보의 페미니스트 대통령 선언을 지지했다.

그러나 필자는 "페미니스트 대통령은 입으로만 되는 것은 아니다."라는 전제하에 "지금 필자가 문재인에게 하고 싶은 쓴소리는, 이 나라의 여성문제는 혁명하듯 목숨 걸고 하지 않으면 해결되기 어렵다."는 지적도 빼놓지 않았다. "페미니스트 대통령은 입만 가지고는 안 된다는 얘기다. 선거 때만 떠들어가지고는 안 된다는 얘기다."라고 결론을 맺었다.


## '이 당 저 당 가리지 말고 여성 후보 밀어주자'

그러면서 페미니스트 대통령과 정부가 나서지 않으면 우리가 당면하고 있는 여성 문제 해결은 난망하다는 입장도 전달하면서, 페미니즘 운동과 필자, 그리고 여원뉴스의 입장을 정리하기도 했다.

"지난 해 총선 때 필자가 관계하고 있는 여원뉴스는 '이 당 저 당 가리지 말고 여성후보 밀어주자'는 캠페인을 벌였다. (사)한국인터넷신문방송기자협회, (사)한국여성단체협의회, (사)여성유권자연맹과 함께 벌인 무브먼트였다. 헌정 사상 최초로 여성후보 밀어주자는 캠페인이라 해서 주목을 받기도 했다."는 사실을 기록한 뒤 "그 캠페인을 하면서 필자는 '정부가 나서지 않으면 여성문제 해결은 난망하다'는 종래의 생각을 버릴 수가 없었다."고 솔직히 털어 놓았다. '이 당 저 당 가리지 말고 여성 후보……'는 대한민국 헌정사상 최초의 '여성 후보 밀어주기'라는 평가를 듣기도 했다.

그러면서도 필자가 당시 문재인 후보에게 보냈던 쓴소리는 다음과 같다.

"여성문제 해결에 정치 생명, 아니 목숨까지 바칠 각오가 있는가? 약속한 위의 5가지 문제를 1년 내에 강력히 밀고 나갈 자신 있는가? 1년 지나면 대통령들은 공약을 헌신짝 버리듯이 했다. 박근혜 조차도 선거 때 여성문제 해결하겠다고 했다. 참고하라."면서, 이왕이면 다음과 같이 국민 앞에 선언하면 좋겠다고 권유했다.

"이렇게 선언할 수 있어야 국민이 믿을 것이다. '임신·출산·육아, 정부가 정부 예산으로 몽땅 책임지겠다, 다른 예산을 반으로 줄이고서라도 이 문제부터 해결하겠다. 만약 1년 내 그 문제 해결 못 하면 하야하겠다, 아니면 탄핵받겠다.'라고 선언할 자신 있는가?"라고 몰아붙였다. 지금 생각하니 좀 너무했다는 생각도 들긴 든다.

앞으로 20년은 페미니즘이 대세가 될 것이다. 우리나라가 당면한 앞으로 20년간의 문제 중 가장 중요한 문제는 남녀평등의 완성이다.

남녀평등을 완성하지 않고는, 1인당 국민 소득이 3만 불이 되든 4만 불이 되든 선진국 소리 듣기는 어렵다.

선진국이란 여성의 삶에 불편함이 없는 나라를 말한다. 국민 소득이 아무리 높아도, 질식할 것 같은 유리천장 때문에 유능한 여성 인재들이 일터를 떠난다거나, "결혼하고 싶어도 육아 독박 쓰기 싫어 참겠다."는 여성이 많은 나라는 선진국이 아니다.

젊은이들이 3패, 5패를 외치며 결혼을 기피하는 나라 역시 선진국이 아니다. 페미니즘 대통령은 이런 것으로 인해 불편한 사회를, 국민들이 편안하게 사는 사회로 이끌어야 한다. 대통령이 앞장선다고 했으니, 국민의 반인 여성이 우선 따라갈 것이고 페미니즘은 싫어도 완성의 길로 발전해 갈 것이다.

# "인생 뭐 있어, 아내 사랑 강조 기간이지"

## 크리스마스 최고의 선물로 아내 사랑 강조 기간 선포식

크리스마스에는 아내를 행복하게 해주자. 특별히 크리스마스에는 벼르고 별러서 선물도 마련하고 아내에게 사랑을, 아니 사람만이 아니고 진심 어린 존경을 표시해야 한다.

크리스마스이기 때문이다. 크리스마스는 아내를 행복하게 해주기 위해 있는 날이라고 진짜로 믿는 남편이 있다면 그에게 이 세상에서 가장 큰 크리스마스 축복이…….

크리스마스에 남편이 사다 준 크리스마스 선물 받고 병원에 실려 간 아내가 있었다. 남편의 크리스마스 선물이 너무 비싸서? 아니면 너무 기가 차서?

둘 다 아니다. 그해 남편의 크리스마스 선물은 하트형 보석 상자였다. 그걸 가슴에 품고 행복한 얼굴로 눈을 지그시 감던 30대 초반 아내는 그 자리에 슬그머니 쓰러진다.

알고 보니 아내는 복숭아 알레르기가 있었다. 여고 시절에도 하트 비슷하게 생긴 것만 보아도 졸도하던 그녀. 결혼 후에도 복숭아 같이 생긴 하트형을 멀리했는데 남편이 크리스마스 선물로 사다 준 복숭아 같이 생긴 하트형 보석상자, 그것이 그녀를 졸도케 하였다.


## 인생 별거야? 알코올이지!!

20여 년 전인가, 약간은 허무의 냄새가 풍기는 '인생 뭐 있어?'가 유행했었다.

갖가지 '인생 뭐 있어?'가 다 있었다.

인생 뭐 있어, 고스톱이지.

인생 뭐 있어, 섹스지.

인생 뭐 있어, 연애지.

인생 뭐 있어, 스포츠지…… .

등등의 '인생 뭐 있어?'가 이번 크리스마스에도 등장한다.

크리스마스 버전 '인생 뭐 있어?'는 인생 뭐 있어, 크리스마스지!!


크리스마스 선물을 뭘로 할까? 연애시절에는 크리스마스 선물을 어떻게 하면 그녀의 가슴에 남는 것으로 고르나, 고민도 많이 하던 남편. 그러나 남자의 크리스마스 선물은 결혼 전이 다르고 결혼 후가 다르다.

그래서 크리스마스가 아니더라도 아내를 행복하게 해주는 것으로써 남편을 위해서도 크리스마스 선물은 절대적으로 필요하다.


인생 별거 아니다, 특히 남편에겐.

남편에게 인생은 다만 '아내 사랑 강조 기간'일 뿐이다.

이것을 깨닫고 이번 크리스마스 이브나 송년회 자리에서, 아내 앞에서, 가능하면 집에서가 아니라, 멋진 레스트랑, 또는 부부동반 친구들 많이 모인 송년 파티에서 외쳐라.

"인생 뭐 있어, 아내 사랑 강조 기간이지!!"

이렇게 큰 소리로 외친 다음, '내 인생은 다만 아내 사랑 강조 기간일 뿐이다'라고 엄숙하게 외치는 것이다.

아마도 파티는 박수와 환성, 그리고 '인생 뭐 있어'의 새로운 버전으로 열광할 것이다. 아마도 생애 최고의 크리스마스 선물이 될 것이다.

남편이 '인생=아내 사랑 강조 기간'을 선포하면 부부의 인생이 달라질 것이다.

# 남편의 귀가 시간 위반에 벌금, 또는 섹스 거부

**아내와의 야통**夜通**은 지금도 살아 있다.**

　＊＊＊이 글을 읽는 분이 귀가 시간이 늦은 기혼남성이라면 아무 소리 말고 오늘부터는 밤 12시 이전에 귀가하시기 바란다. 그리고 만약 이 글을 읽는 분이 귀가 시간 늦는 남자의 아내라면, 반드시 남편에게 꼭 이 글을 읽도록 하시기 바란다. 귀가 시간 늦은 남편이 확 달라지기를 바라서 올리는 글이다.

　6.25 전쟁 통에 치안유지를 위해 불가피하게 실시됐던 야통 금지 시간은 치안유지에 도움이 되었지만, 불편해하는 사람도 없지 않았다. 그 야통 시간이 1982년 1월 5일을 기해 해제되었다. 벌써 30년이 넘었다. 그러나 그 야통 시간은, 국가적인 야통 시간이고 사회적인 야통 시간이다. 가정의 야통 시간과는 구별해야 된다는 얘기다.

집으로 돌아가는 귀가 시간은 늦어도 밤 12시 이전이어야 한다. 그 시간이 '가정의 야통 시간', 아내와의 약속시간이어야 한다. 그러니까 다른 얘기가 아니고 남편의 야통 시간, 즉 남편의 귀가 시간은 야통 시간처럼 밤 12시로 정해 놓자는 얘기다.

필자는 1982년 야간통행금지 시간이 폐지된 직후 여러 방송에서 '야통 시간은 살아 있다. 밖에서의 야통은 없어졌지만, 가정에서의 귀가 시간 즉 아내와의 야통 시간은 살아있다.' 이런 주장을 여러 차례 방송으로 내보냈다. 그랬더니 '그딴 소리 하지 말라'는 경고를 '기관'으로부터 여러 차례 받았다. 국가의 법으로 정한 것이니 딴소리 말라는 것이었다.

필자도 딴소리 아니라고 맞섰다.

"남편의 귀가 시간을 밤 12시로 아내와 약속하자는 건데, 그게 국가의 법과 무슨 상관이냐? 아니 이건 국가의 법보다 우선한다"고 일부러 더 떠들었다. 아내와의 야통은 살아있다는 내용의 칼럼을 신문과 잡지에 10여 편이나 썼다.


야통 시간 없어진 지 2년 만에 심장병 걸린 아내가 있었다. 남편이 새벽 2-3시나 돼야, 그것도 취해서 들어오니 걱정되고, 또 어디서 누구와 무슨 짓을 하나……. 상상만 해도 질투 나고 해서, 결국 심장병이 도진 것이다. 게다가 대학 다니는 아들마저 제 아버지의 귀가 시간을 닮아가고 있었다.

여자 하나, 남자 둘, 3식구가 사는 집에 두 남자가 이튿날 새벽에 들어오니 어떤 여자인들 심장병 안 생기겠는가? 귀가 시간에 들어오지 않는 남편이 룸살롱에서 여자와……. 상상만 해도 혈압이 오르는 여성은 대한민국에 부지기수다.


## 귀가 시간 늦는 남편……. 벌금제와 섹스거부 페널티

야통 해제 직후 여성들 모임에 초청되어, 강의가 끝난 후 간담회에서 통금 해제 후 남편의 새벽 귀가 예방법에 대해 의견을 주고받은 일이 있다. 가장 합리적인 의견이라고 채택된 것은 벌금제. 귀가 시간을 안 지키는 날에는 벌금 먹이자는 것이었다. 1시간 늦는 데 얼마씩 벌금을 먹이면 어떠냐는 의견은 꽤 설득력이 있다.

좀 더 적극적인 방법으로는 섹스를 거부하자는 얘기까지 오갔다. 남편은 새벽에 들어오든 아침에 들어오든 귀가 시간을 자기 마음대로 하려고 한다. 말하자면 귀가 시간 같은 거에 구애받지 않으려는 남편들이 많아서 걱정이다.

그런데 만약 남편 아닌 아내가 새벽 2시에 들어온다고 치자. 어디 가서 뭘 하고 오느냐는 남편의 질문에 아내가, "친구와 고스톱 치고 왔다, 왜?" 하면 그때의 남편의 표정이 어떨는지 궁금하다.


귀가 시간 늦는 남편을 깨우치게 하기 위해선 벌금제는 꽤 효과적일 것 같다. 귀가 시간 벌금제를 실시해서 성공한 가정이 필자의 주변에 꽤 많다. 예를 들어 한 달 수입이 3백만 원인 사람이 밤 12시

넘게 귀가하면 벌금은 10만 원이다<sup>좀 많은가?</sup>. 즉 귀가 시간 위반에 대한 벌금은 한 달 수입의 30분지 1, 즉 하루 수입으로 하자는 얘기다. 그리고 누진제를 적용하여 1개월에 귀가 시간 위반 2번까지는 그냥 하루 10만 원씩으로 하되, 만약 귀가 시간을 1개월에 3번 위반하면 누진제를 적용하여 30만 원 내야 할 벌금을 50만 원으로 하면 어떨까, 생각한다.

그 이상, 그러니까 1개월에 3회 이상 귀가 시간을 위반하면 그땐 할 수 없다, 섹스를 거부하고 각 방 쓰기에 돌입하는 것이다.

페널티다.

이런 조치<sup>(?)</sup>는 아내만을 위한 것은 절대로 아니다. 귀가 시간 다 지난 시간에 밤거리를 떠돌다가<sup>(?)</sup> 혹 건강이라도 상하면 어쩌나 하는 아내의 깊은 배려가 여기에 엿보이지 않는가?

남편들은 이런 제안에 대해 너무하지 않느냐고 항의하지 말라. 여기까지가 가정을 지키기 위한 아내의 기초적인 배려이고 적극적인 정당방위임을 이해해야 한다. 그리고 귀가 시간을 지키는 것은 아내에 대한 愛테크 가운데 아주 초보적인 愛테크임을 명심하기 바란다.

# 6년 동안 56번 결혼한 부부의 愛테크

## 결혼 후에도 한 달에 한 번 꼴로 또 결혼식을

우리도 결혼식을 자주 하자. 1년에 한 번은 좀 그렇다 치고, 5년에 한 번, 10년에 한 번도 좋다. 같은 사람과 여러 번 결혼하는 것을 우습게 생각지 말자. 그것이 愛테크다.

같은 사람과 무려 56회나 결혼한 커플도 있다. 그들이 그렇게 결혼 6년 동안 56회나 결혼한 이유를 왈가왈부하지만 아내 사랑 전문가인 필자가 볼 때 이건 정말 완벽에 가까운 愛테크이다.

결혼을 56회나 한 커플의 얘기가 세상을 달군 일이 있다. 재미있다, 장난스럽다, 부럽다, 다른 사람과 결혼한다면 몰라도 같은 사람과? 등등……. 이 외신에 접한 사람들의 반응은 가지가지다. 결혼식도 한두 군데서 한 것이 아니고 전 세계를 돌아다니며, 그 지역 그 나라 풍습에 맞는 소위 '전통 혼례'를 56번씩이나…….

앞으로 이혼하지 않고 살면 결혼식을 100번 더 할지 200번 더 할지 모를 이 부부에 대한 관심은 어지간한 글로벌 스타의 인기 못지 않다.

2014년 1월 28일자로 56회째 결혼식을 올린 이 커플은 영국 맨체스터 출신의 알렉스 펠렝과 리사 그랜트.

이들은 지난 2008년 결혼식을 올렸다. 그러니까 6년 동안 56회의 결혼식을 올린 것이고, 1년에 거의 10회에 가까운 결혼식을 올린 것이고, 그러니까 거의 1개월에 한 번씩 결혼식을 올린 꼴이 된다. 결혼식이 그렇게 재미있을까? 라고 말하는 사람도 많다.


## 사랑이 식는 것을 방지하는 愛테크

전 세계 수많은 나라를 돌아다니며, 가는 곳마다 그 나라의 전통 혼례 방식으로 결혼식을 올리고 있는 특별한 이 커플들에 대한 관심 역시 세계적이다.

"여행비만 도대체 얼마가 들어가는 거야?"

"와우! 무지무지 부자인가 보다!!"라고 대개는 생각하지만 이 커플의 재정 상태는 아직 알려진 바가 없다. 물론 가난한 사람은 절대로 아닌 것 같다. 다만 현재 이 커플은 낡은 캠핑카에 살고 있는 것으로 알려져 있는데, 캠핑카를 타고 다니며 결혼식을 올리는 건지 그 정보조차 아직은 확실치는 않다.

결혼을 하고 검은 머리가 파뿌리가 되도록 오래된 부부는 예를 들어 결혼 30주년 기념일이나 50주년 기념일에 한 번쯤 결혼식을 더 하는 것도 괜찮겠다.

"그 사람들은 부부 싸움도 안 하나? 매일 다정다감한 거야?"

어떻게 그렇게 여러 번의 결혼식을 올리겠느냐는 것이 그들의 결혼식 소식을 접한 사람들의 반응. 즉 오손도손 금슬이 좋은 부부가 아니라면 축복의 결혼식을 그렇게 많이 할 수는 없지 않느냐는 뜻.

또한 결혼식을 그렇게 여러 번 했다면 첫날밤, 즉 초야의 분위기가 처음 결혼했을 때처럼 뜨겁고 감미로왔을까를 궁금해하는 사람들도 많다.

맞는 말이다. 부부 싸움을 했다든가, 서로 사이가 좋지 않을 때는 축복의 결혼식을 할 분위기가 안 될 테니까. 그렇다면 이들 커플이 이렇게 줄기차게 결혼식을 하고 있는 이유를 어떻게 해석해야 할까?

결론은 필자가 내리겠다.

愛테크다.

그럴까? 정말 그들은 愛테크 삼아 결혼하는 것일까?


## 그들 부부 결혼식에 주례 서고 싶은 이유

부부가 함께 살다 보면 싫어질 수도 있다. 서로 싫어지는 것이 싫어서, 시들해진 부부생활에 활기를 불어넣기 위해서 그렇게 자주자주 장소를 바꿔가면서 결혼식을 올리는 것이라면 이건 틀림없는 愛테크가 아닌가?

그 56회의 결혼식을 남편이 주도했건 아내가 주도했건 그 아이디어를 먼저 낸 사람은 진짜로 사랑을, 진짜로 부부간의 愛테크를 아는 사람이다.

　결혼해서 몇 년을 함께 살던 부부가, 권태기가 왔을 때 결혼식을 한 번 더 함으로써 권태기를 극복할 수 있다면 결혼식이야말로 권태기 극복의 멋진 처방이 아닐 수 없다. 멋진 愛테크가 아닐 수 없다. 우리도 자주 결혼하자.

　권태기가 오거나 혹은 다른 이유로 해서 부부간의 위기가 오기 전에 결혼식으로 분위기를 바꾸는 愛테크!!

　우리도 한 번 시도해 보자.

　필자는 56회 결혼식을 올린 그 부부의 결혼식에 주례를 한 번 꼭 서주고 싶다.

# 윤형빈…
# 그대는 아내를
# 진심으로 사랑하는가?

## 아내를 사랑한다면 쓰러지지 말아야

윤형빈이 잊지 말아야 할 것이 있다. 사랑은 아내가 보는 데서 얻어맞지 않는 것이고, 얻어맞고 쓰러지지 않는 것이다. 더구나 임신 9개월 만삭의 아내 앞에서 쓰러지면 절대로 안 되는 것이 사랑이다.

사랑은, 남편이 쓰러지는 모습을, 그 아내가 눈 뜨고 차마 못 보는 것이다. 그런데 상대방 츠쿠다를 때려눕히고 윤형빈이 처음 한 말이 '나 전화 걸어야 돼요. 아내가 기다려요!!' 그러면서 둘러싼 기자들을 물리치고 전화 걸러 갔다는 것이다.

거기서 우리는 아내 바보 윤형빈을 발견한다. 아내 바보의 愛테크를 발견한다. 그리고 우리는 아내 바보 윤형빈에게 묻고 싶은 것이다.

윤형빈……. 그대는 아내를 진심으로 사랑하는가?

또한 윤형빈이 잊지 말아야 할 것이 있다. 윤형빈이 날린 후크를 맞고 쓰러진 것은 단지 츠쿠다만은 아니었다. 쓰러진 것은 우리의 눈엔 이등박문이었고, 아베였고, 미운 일본인들이었다. 링에서 윤형빈과 맞선 상대는 츠쿠다였지만 말이다.

또 윤형빈이 잊지 말아야 할 것이 있다. 윤형빈을 응원하던 우리는 관전觀戰만 한 것이 아니다. 애국했다. 일찍이 한 선수의 데뷔전에 전 국민의 관심이 이렇게 폭발적인 경우도, 아주 드문 현상이라는 점도 윤형빈은 잊지 말아야 한다. 그런데 윤형빈의 아내 정경미는 그 시간…….

## 이제야 믿는 윤형빈의 진정성

격투기 선수 윤형빈은 2014년 3월 9일 오후 8시, 서울 송파구 소재 올림픽공원 올림픽홀에서 거행된 데뷔전에서 일본의 타카야 츠쿠다 선수를 4분 만에 때려눕히고 TKO 승을 거뒀다. 타카야 츠쿠다 역시 데뷔전이긴 마찬가지였다.

우선 기 싸움에서 윤형빈이 이겼다. 크게 함성을, 기합을 스스로에게 넣고 침착하게 종 울리기를 기다렸다. 그리고 상대가, 일본 선수이기 때문에 더욱 이기기를 기다리는 팬들의 응원과 격려에 한 방 승리로 보답했다.

필자는 가끔, 물론 실례인 줄 알지만 윤형빈의 사랑을 의심(?)하기도 했다. 윤형빈이 왕비호 시절 개그 프로에서 두 손 번쩍 들고 "정경미 사랑한다" 하고 외쳤을 때도 처음엔 의심했다. 처음엔 윤형빈이 시청자의 흥미를 돋우기 위해 인기 작전 삼아 그런 건 아닌가 생각했다. 그러나 시간이 흐를수록 윤형빈의 진정성을 믿게 되었다.

공개방송 프로 녹화에서, 아무리 윤형빈이 개그맨이지만 자신을 그처럼 노출시키는 것은, 아니 거의 까발리는 것은 그렇게 쉬운 일이 아니다. 필자도 방송생활을 하는 동안, 특히 TV 생방송에서 개인적인 신상 문제에 부딪칠 때마다 "이걸 공개해? 말어?" 하는 경우를 꽤 많이 체험해 보았기 때문이다.

방송에서의 사생활 공개가, 더구나 사랑의 고백이 쉽지 않았으리라는 점에서 윤형빈의 진정성을 믿기 시작했고, 그를 당당하고 젠틀한 '남자'로 보기 시작했다.

윤형빈과 츠쿠다의 경기가 있던 날 정경미는 경기장에 나오지 않았다. 당연히 그랬을 것이다. 남편이 경기에서 상대에게 펀치를 먹이든, 상대의 펀치에 얻어터지든 그때그때마다 표정이 바뀌어야 하는 정경미. 그리고 잽싸게 그 장면을 촬영할 수백 명의 카메라 앞에, 자신의 희로애락이 액면가 그대로 떠오른 얼굴을 내놓기가 쉽지 않았을 것이다.

더구나 정경미는 당시 임신 중. 놀라지 말아야 할 시기인데 윤형빈이 경기에 이겨 주어서 여간 다행이 아니다.


## 윤형빈, 계속 아내 바보로 남으라

그러한 정경미를 생각할 때 필자에겐 떠오르는 여성이 또 한 사람

있다.

프로복싱 미들급 세계챔피언이던 김기수 선수의 아내 방하자 씨. 필자는 우리나라 TV가 컬러 방송을 시작하던 1981년 2월부터 KBS-TV의 '여덟 시의 만납시다' MC를 보고 있었다. 그때 방송에 출연한 프로복싱 세계챔피언 김기수 씨의 부인 방하자 씨.

"남편이 경기할 때 자주 구경 가시나요?"라는 질문에 그녀는 고개를 가로저었다.

"못 봐요. 그이가 링에서 쓰러지면 전 링사이드에서 쓰러질 테니까요."

그녀의 이 한마디는 아내 사랑 대변인 별명을 달고 있는 필자로서 그 후 오랫동안 잊히지 않는 구절이기도 하다.

츠쿠다를 때려눕힌 뒤 윤형빈은 서두르는 모습이었다. 전화를 걸어야 한다며 취재하려고 달려드는 기자들도 피했다.

"아, 나 지금 바빠요. 전화 걸어야 돼요. 지금 아내가 내 경기도 못 봤을 거예요. 지금 내 전화만 기다리고 있을 거라고요."

그리고는 기자들을 따돌리고 사라졌다.

필자는 윤형빈이 그랬다는 그 순간 그대는 진심으로 아내를 사랑하느냐고 묻고 싶었다. 아니 그냥 확인하고 싶었지만, 이미 공개적으로 확인된 윤형빈의 아내 사랑이었다.

필자는 윤형빈을 사랑하는 그 누구보다도, 이 나라의 아내 사랑 대변인 입장으로 그가 영원한 아내 바보이기를 진심으로 기원한다.

# 남편과 싸울 적마다 울고, 주저앉고 싶다는 그녀에게

## 남편과 싸우지 않고 백전백승하는 비결

복싱하듯 살지 말고, 댄싱하듯 살라.

남편과 싸우지 말라는 말과 남편을 이기지 말라는 말을 혼동하면 안 된다. 이기려면 싸워야 된다고 믿는 아내는, 싸우지 않고도 이기는 법이 있다는 걸 알아야 한다. 즉 남편과 싸우지 말고 이기라는 것이다.

이기려고 하면 오히려 지고 이기려고 맞서지 않을 때 오히려 아내는 이기는 것이다.

이것이 바로 愛테크를 아는 아내와 愛테크를 모르는 아내의 차이다. 다시 말하면 愛테크를 아는 아내는 남편과 싸우지 않고 이기고, 愛테크를 모르는 아내는 남편과 싸우고도 이기지 못하는 것이다.

결론을 말하라면 남편과 싸울 필요 없다는 뜻이다. 왜냐하면 아내는 이미 남편에게 이기고 있기 때문이다.

남편의 눈을 들여다보며 웃고만 있어도 아내가 이긴 것이 된다.

우리는 아주 하찮은 일로 싸운다. 그러나 인생은, 싸우듯이 살지 말고 춤추듯이 살아야 한다. 춤을 음악에 맞춰 잘 추려면 상대가 전진 스텝 밟을 때 나는 후진해야 하고 상대가 뒤로 물러서면 나는 앞으로 나가야 한다.

이게 바로 인생을 권투하듯 살지 않고 춤추듯이 살라는 김재원 표 愛테크의 기본 이론이다.

남편도 이 愛테크를 알면 좋은데, 모르니까 아내가 알아야 한다. 남편이 모르는 것이 있다면 아내가 대행해야 한다. 더구나 남편은 대개 어둠이고 아내는 대개 빛이다. 그러니까 가정은 빛과 어둠이 어우러져 사는 곳이다. 그러니까 어둠을 밝히려면 빛이 더 많이 머리를 써야 한다.

결혼을 흠집 낼 만한 어떤 행동이나 어떤 말도 하지 마라.

툭하면 헤어지자고 소리 빽빽 지르는 아내 치고 남편과의 관계에서 이기는 아내 못 보았다. 싸울 일 있어도 싸우지 말고 이겨라. 손자병법이다. 웃으며 싸움을 피하고 웃으며 남편을 컨트롤하라. 愛테크다.


**빈 침대에 누워 울며 유행가를 부르느니…….**

남편을 외면하듯 돌아앉지 마라. 남편과 등을 대고 앉는 것은 더욱 아니다. 언제나 마주 앉아 남편을 정시하라.

결혼반지를 손가락에서 빼내야 할 일이 아니라면 웃어 넘겨라. 작은 일에 남편과 다투고 크게 후회하는 일은 없어야 한다.

꿰매기 어려울 정도의 싸움, 봉합하기 어려울 정도의 다툼은 피하는 것이 결혼을 유지하는 비결이다. 남편과 싸우고 나서 3개월간 말을 안했다고 자랑하는 아내가 있다면 그 집의 부부 싸움 원인은 그 아내에게 있다고 보아도 좋다,

아내와 싸우고 나서, 남편은 휙 나가 버리고, 아니 내 곁에서 떠나 버리고 빈 침대에 누워 있을 때 그 처량함이란…….

남편이 부재한 빈 침대에 누워 울며 유행가를 부르느니보다는 속상해도 한 번 쌩끗 웃어주면 마음도 웃게 되어 싸움은 끝난다.

물론 승자는 남편 아닌 아내.

아내여, 영원한 승자 되는 방법은 남편을 이기려는 마음 자체를 먹지 않는 것이다. 남편은 싸워 이겨야 할 대상이 아니고 나와 함께 사는 남자다. 남편은 그 인생의 거의 전부를 아내에게 의존하고 있는 남자이다. 남편의 인생을, 그 행복을 결정하는 것은 남편의 재산이나 사회적 지위나 물질이 아니다.

남편의 인생……. 심각하게 생각 말라. 남편의 인생은 아내 하기에 달렸다. 아내가 행복하면 남편의 인생도 저절로 행복해진다. 그러니까 아내는 남편을 행복하게 해주는 존재이다. 그러므로 남편에게 '남편의 행복은 아내에게 달려 있다'는 점을 여러 가지 방법으로 자주자주 일깨워 주어야 한다.

## 싸우지 않고 이기는 것이 진짜 愛테크다

아이가 생기고 나면 남편과의 관계가 더욱 델리케이트해진다. 아이 앞에서 이기고 지는 문제가 일어나지 않도록 하라. 아이가 생기고 나면 남편을 이기려고 하는 것은 더욱 무모한 시도다.

아이 앞에서 남편과 아내가 다투든, 싸우든 그건 간단한 둘만의 관계에서 오는 싸움이 아니라 부부가 합세하여 아이를 상대로 싸우는 것이다. 자주 싸우는 부부는 아이의 장래를 어둡게 한다.

남편과의 싸움을 피하는 방법……. 또는 싸우다가 퍼뜩 정신을 차리고 이래선 안 되지 싶을 땐, 딱 한마디만 해라. 이 한마디를 죽기보다 하기 어렵다는 아내가 있었다.

그녀는 결국 아이 둘 낳고 이혼했다. 지금은 후회하고 있다. 그때 그 한마디를 왜 못 했을까 하고……. 그 한마디는 바로 '미안해요'이다.

그 소리가 잘 안 나오거든 영어로 해라. "I am sorry……."

이 한마디로 남편에게 이기려는 마음을 미소로 바꿀 수 있어야 한다. 그런 경지에만 들어서면 그땐 남편에게 이기려는 마음 자체를 가질 필요가 없다. "I am sorry!" 한마디로 아내는 이미 이기고 있는 것이다. 그리고 그 한마디로 행복은 그 아내의 가슴에 둥지를 트는 것이다. 거기에 딱 한마디를 덧붙이면 남편에게 완전히 승리한다.

'당신을 사랑해요!!' 얼마나 멋진가? 싸우지 않고 남편을 이겼으니……. 'I love my husband!!' 이렇게 한마디를 써서 벽에 붙여놓으면 효과 100%. 이 한마디로 남편에게 완전히 이겨버린 것이니까! KO승이니까!

# 각방 쓰는 부부가
# 이혼이 많은 이유

## 부부 싸움 후 각방은 이혼 지뢰밭

각방 쓰는 부부가 적지 않다.

각방 쓰는 부부에게 물어보면, 그 첫째 이유가 "편리해서 좋다"이다.

"각방을 쓰면 옆에서 거추장스럽게 하지 않으니 깊은 잠을 잘 수 있다. 어쩌다가 한방에서 잘 때는 신경 쓰여서……."라는 이유도 있다.

"각방을 쓰고 싶어서, 내 방으로 가서 자기도 한다. 그런데 언젠가 남편이 내 옆에 와서 자고 있다. 각방 쓰기를 여러 번 시도했는데 다 실패했다. 남편 때문이다."라고 말하는 30대 아내를 만난 일도 있다.

부부가 각방을 쓴다는 것은, 그날 밤은 부부 중 한쪽이 외박한 것과 다름없다.

부부 싸움을 하고, 각방을 쓰고 싶어도 방이 모자라서 그냥 같은 방 같은 이불에서 자던 시절, 우리나라 이혼율은 과히 높지 않았다.

"우리 집엔 방이 3개인데 애들이 방 하나씩 차지하고 있고 우리 부부가 하나를 쓴다. 각방 쓰기를 하고 싶어도 따로 쓸 방이 없으니……."라고 말하는 방3 아파트에 사는 부부는, 싸울 때도 애들 때문에 조용조용히 싸울 수밖에 없다고……. 방이 많지 않은 아파트에 사는 덕을 보고 있는 셈이다.

죽도록 사랑해서 결혼한 커플도 다툴 때가 있다. 심하게 다투면 상투적으로 나오는 소리. "헤어지자!!", "우린 여기까지다!!" 이러고 싸우다가 진짜 헤어지는 부부 많이 봤다.

그런데 필자는 좀 바보인 것 같다. 결혼한 지 50여 년이 지났는데 단 한 번도 헤어지자 소릴 안 하고 살았다. 50여 년이 아니라 결혼하기 이전, 연애하던 때부터 지금까지 그때 그 여자하고 사는데 단 한 번도 헤어지자 소리를 안했으니…….

사랑도 사랑이지만 필자가 아내와 헤어지잔 소리 없이 여직까지 산 건 아마 어떤 경우에도 아무리 심한 싸움을 하고 난 다음에도 따로따로 각방을 쓰지 않은 때문이라 생각된다.

엊그제 금혼식 맞은 강부자-이묵원도, 부부 싸움 어지간히 많이 한 커플인데, 어떻게 심하게 싸워도 각방 쓰기를 안 했단다. 그것이 금혼식까지 온 비결이라고 강부자가 털어놓았다.

## 결혼한 부부의 실내 온도 조절기는 부부의 체온이다

부부가 싸우고 나서 각방을 써 버릇하면 이혼의 위기가 높아진다. 말하자면 부부 싸움 후 각방은 이혼의 지뢰밭으로 들어가는 입구로 보면 된다.

각방 부부는 체온조절이 힘들다. 각방 부부의 체온 제어 시스템은 성능이 좋지 않다. 결혼한 부부의 실내 온도 조절기는 부부의 체온이다. 각방을 쓰면 실내 온도 조절이 잘 안 된다. 그러니 각방 부부는 상호 간의 체온 교환도 잘 안 되는 것은 당연한 일이다.

사랑은 체온 교환이라고, 시침 뚝 떼고 연애 시절 지금의 아내와 거의 강제 체온 조절을 했던 남편이, 최근에 부부 싸움 끝에 각방 쓰자고 나서는 바람에, 슬퍼하던 아내는 급기야 이혼을 생각하고 있다.

"잠자는 모습은 누구나 본능적이다. 입 벌리고 자기도 하고, 코를 골기도 하고; 잠꼬대도 하고…… 그런 모습 보여주기 싫어 각방 쓰고 있다. 아내도 편하다고 한다."라고 말하는 중소기업을 경영하는 K사장은, 앞으로도 계속 그러리라고.

그의 나이 지금 65세다. 물론 각방 쓰고 안 쓰고는 나이하고는 관계가 없다. 그래도 사랑이 펄펄 끓는 젊은 부부들은 각방 쓰기를 안 하고 있다.

## 몸이 멀어지면 마음도 멀어진다

특히 결혼 3년 이내의 부부는 소방시설이 되어 있지 않으면 곤란

할 만큼 뜨거운 사이인데 그럴 때 각방 쓴다는 건, 사랑의 열정을 인위적으로 식히기 위함이라면 몰라도, 아니라면 각방 쓰기는 권하고 싶지 않다. 나이에 상관없이 각방 쓰기는 이혼 가능성만 높이는 것이다.

몸이 멀어지면 마음도 멀어진다.

필자 주변에 주례 모신 결혼식을 4번이나 했던 저명인사가 한 분 있다. 평소에는 자신의 사생활에 대해서 거의 입을 열지 않는다. 그러나 술이 한두 잔 들어가면 자신의 결혼에 대해 언급할 때도 있다. 한 번은 필자가 KBS-TV '8시에 만납시다' 생방송을 마치고 나오다가 그를 만나 한 잔 하게 됐다.

"김 형, 방송에서 이 세상 젊은 부부들에게 이혼하지 말라고 꼭 얘기 좀 잘해 줘. 각방 쓰지 말라고 꼭 얘기 좀 해줘."

그러면서 자신의 각방 쓰기 체험담을 늘어놓는다.

"우리 집은 부자여서 방이 많았다. 싸우면 각방에서 잤다. 내가 이혼한 이유는 각방이다."

그의 얘기가 100% 맞아서는 아니지만, 필자 역시 각방 쓰기는 권하고 싶지 않다. 각방 쓰기는 이혼의 주범이라고 필자는 강변한다.

각방 쓰는 부부가 이혼율이 높다는 관점에서 볼 때, 주말 부부 역시 위기를 많이 겪는 것으로 보인다. 주말 부부는 결국 주중 별거 부부니까. 주중 각방이 아니라, 각 집 부부니까.

첫날밤에 각방 쓰는 부부는 없다. 즉 한방을 쓰게 되면 첫날밤을 다시 연출할 기회도 생긴다. 지독한 부부 싸움을 하고 나서도 한방에서 자게 되면 그럭저럭 풀리는 수가 많다. 우리나라의 부부는 아파트로 생활 구조가 바뀌기 전에는 방의 여유가 없어서 싸우고 나서도 한방에서 자야 했다.

같은 이불 덮고 자다 보면 팔다리도 얽히고 피부도 마주 닿고……. 그러다가 끌어안을 수도 있다. 그런 날 밤에 끌어안을 때는 그냥 끌어안는 것도 아니다. 자연스럽게 '미안해' 소리가 따라가기도 한다.

강부자—이묵원 부부도 여러 차례 이혼의 위기를 겪었다고 한다.

"그때 만일 각방을 썼다면 틀림없이 이혼했을 것이다."

우리나라 최고의 원로배우로 손꼽히는 강부자의 체험담을 귓등으로 듣지 말자.

"각방 안 써서, 이혼 안 해서 좋을 게 뭐 있는데요?"라고 들이대지 말자.

가능하면 피해야 하는 것이 이혼이고, 그러자면 각방 유혹도 피해야 한다. 아내의 임신 각방이나 출산 각방은 그렇다 치더라도 그렇지 않은 경우라면, 부부 싸움 후 각방은 피해야 한다. 그래서 필자는 주례를 설 때, '각방 쓰지 않기'를 꼭 신랑 신부에게 서약 받는다.

# 아내가 가정을 '물질닷컴'으로 만들지 않으려면

## 사랑은 현금으로 환산하기가 좀 뭣하다

인생을 재산 증식 기간으로 보내지 말라. 돈, 돈 하며 돈만 따라 다니기엔 인생은 너무 짧다.

남편은 아내 하기에 달려 있다. 싫으니 고우니 해도 남편은 아내가 원하는 쪽으로 가고 있다. 아내가 물질파가 되면 남편도 물질파로 변한다. 가정을 '물질닷컴'으로 만들면 안 되는 이유가 여기 있다.

업그레이드된 아내가 문화취향이면 남편도 문화적이 된다.

70년대 문화계에 나돌던 재밌는 에피소드가 있다.

어느 작가의 아내는 남편이 집필을 끝내면 원고지를 한 장씩 세는데 한 장 두 장 세는 것이 아니라 3천 원, 6천 원, 9천 원, 1만 2천 원……

즉 1장에 3천 원짜리 원고를 쓰는 남편 곁에서 아내는 원고 내용보다는 원고료만 관심이 있었다는 얘기다. 아주 어려웠던 시절, 특히 작가들의 경제적 생활이 아주 어려웠던 시절의 얘기다.

아내가 원고지를 다만 돈으로 계산하는 통에 남편이 크게 실망했다는 웃기지도 않는 얘기는, 70년대 우리나라가 경제성장에 들어섰을 때 얘기다. 마치 돈이라는 미끼에 걸려든 시대를 보는 것 같다.

사랑조차 현금으로만 환산하려는 것이 물질만능 철학의 제1조다. 물질만능은 금전만능과 동의어이기도 하다. 속된 말로 '돈이 최고다'라는 철학이다.

이 점은 남편보다는 아내가 신경 써야 하는 문제다. 물질만능주의의 삶을 영위하느냐 아니냐는 아내 손에 달려 있다. 남자란, 의식 무의식 간에 그 아내가 요구하는 쪽으로 인생을 구성하고 있으니까.

남편을 돈이라는 낚시에 걸려들지 않게 하는 방법 가운데 하나가 바로 물질만능주의에서 벗어나는 것이다.


## 물질만능주의자의 행복리스트는 이렇다

결혼하기 전부터 물질만능주의에서 벗어나야 한다. 어떤 남자에게 반할 것인가를, 결혼을 앞둔 여성들에게 물었다. 그래서 몇 년 전엔가 어느 경제신문에 보도된 '여자가 반하는 남자 순위'를 보면 웃음도 나오고 한숨도 나온다.

'물질만능주의자의 행복 리스트'를 보는 것 같아서……

1위. 잘생겼는데 돈이 많을 때

2위. 어리지만 돈이 많을 때

3위. 아무것도 아닌데 돈이 많을 때

4위. 못생겼지만 돈이 많을 때

5위. 싸웠지만 돈이 많을 때

6위. 아무것도 아닌데 짜증내지만 돈이 많을 때

7위. 노래 지지리 못하지만 돈이 많을 때

8위. 바람피웠지만 돈이 많을 때

9위. 더럽지만 돈이 많을 때

10위. 날 덮쳤지만 돈이 많을 때

물질만능주의 사례 몇 가지를 수집해 보았다.

대학이나 언론기관이 운영하는 CEO 최고위 과정에 강의를 나가면서 알게 된 CEO들을 중심으로 탐문해 본 바에 의하면…….

에피소드 A. 이사 갈 때마다 늘어나는 재산

자주자주 이사 다니다가 인생이 다 지나가버렸다는 경우도 있다. 이사할 적마다 조금씩이라도 집이 늘어나고 살림도 늘어가는 맛에, 그리고 자주자주 이사할 적마다 재산과 집값 올라가는 맛에, 20여 차례 이사 다니다가 보니, 어느덧 60을 지난 말기의 인생 되어…….

에피소드 B. 흙을 밟으며 살고 싶어 단독주택만

아내가 고집스럽게 강북 단독주택만을 고집했다. 알레르기가 있는 아내는 시멘트 박스 같은 아파트에 살기를 거부했다. 그래서 강북의 단독주택 집값이 헐값 되는 바람에 부부 싸움도 어지간히 했다. 이제 60 넘은 나이에 생각하니 시멘트 밟지 않는 인생의 여유가…….
아내 덕분에 단독 주택에서 흙 밟고 사는 인문학적 인생이라고.

에피소드 C. 그림도 오직 돈의 가치를 따지더니…….
그림을 사도 미술적 가치보다는 투자 가치만 따지던 중소기업 오너. 그러다가 그림 보는 안목이 생기고 미술 애호가가 된다.
몇 년 전 70회 생일을 맞이한 그는 갖고 있는 그림을 모두 처분, 서울 근처 수도권에 별장 같은 단독주택을 짓고 부인과 둘이 여생을 보내고 있다.

에피소드 D. 70년대부터 외제차 타던 자동차 애호가
외제차를 손수 몰고 다니며 여자 헌팅을 하면 100% 성공한다고 자랑하던 그는 사업도 잘하는 CEO. 몇백 억 거부였다. 봉사활동도 활발했다. 그러던 그가 최근 시들시들 몸살을 앓더니 정밀검사 결과 간암으로 판정이 났다. 얼마 전 오랜만에 만났을 때, 물질이 인생을 행복하게 해주느냐 묻고 또 묻고 되묻기도…….

에피소드 E. 자식들에게 수백억대 재산 물려주었더니
자식들에게 일찌감치 재산 분배하고 전 세계를 누비는 여행이나 하며 산다던 준재벌급 부자. 지금은 후회막급이다. 수백억 재산 모두 자선단체에 기부할 걸 그랬다고…….

자식들은 경제적으로 부족함 없이 자랐고 지금도 그렇지만 금전만능주의에 사로잡힌 비정한 아이들로 컸다. 부모를 자기의 재산 소유와 증식을 위한 수단으로만 아는 자식들, 부모를 스폰서로만 아는 자식들. 지금은 부모 곁에 오기를 싫어하니…….


## 마음이 물질에만 가 있다면…….

물질만능의 시대를 살면서 물질만능의 삶을 탈피하자는 얘기는, 시대 조류에 역행하는 것으로 들릴지도 모른다. 그러나 물질 위주의 삶을 살아갈수록 정신적인 지주가 흔들리지 말아야 한다.

위에 예를 든 에피소드는 모두가 실화이며 A-E까지의 갑부들의 삶의 이면에는 아내의 영향이 크게 작용하고 있었다. 물론 물질적으로 궁핍하면 삶의 질을 높인다는 것은 불가능하다. 그러나 그 물질적 궁핍을 벗어나서, 소위 먹고 살 만한데도 물질에만 마음이 가 있다면 그것이 바로 물질만능주의가 아닌가?

부동산 소유 건수가 늘어나는 것만이 행복은 아니다.

숨겨 놓은 아파트가 여러 채라고 해서 행복한 것은 절대 아니다.

은행의 현금 잔액 크기가 행복의 사이즈는 아니다.

물질적인 풍요가 바로 우리의 행복을 좌우한다고 생각하는 것처럼 오류는 없다. 물질이 전혀 풍족하지 않은 시대에 사는 사람들조차,

물질 위주로 사는 삶의 어리석음을 알고 있다. 인간의 삶에서 정신적인 것을 다 제외한다면 결국 동물적인 삶 외에 아무것도 아니다.

무엇으로 물질적인 삶을 업그레이드 시키나?

한마디로 가정에, 우리의 일상에 물질 만능이 아니라, 정신적인 여유를 생각할 만한 문화가 도입되면 정신적인 풍요를 누릴 수 있다.

앞에서 말한 물질 위주의 삶을 살아온 CEO와 정반대인 경우도 있다.

월 1회 부인과 영화 감상하는 A는 무역회사 경영.

월 1회 친구들과 부부 동반 등산 하는 B는 은행 중역.

월 2권 이상의 책을 구입하고 있는 C는 경매로 큰돈을 번 자유직업인.

월 1회 이상 부모형제 등 전 가족이 모이는 D는 패밀리 레스토랑 경영.

최근 오디오 시설을 설치하고 음악 전문 CEO 과정에 다니는 E는 고위직공무원.

그 외에도 다각적으로 문화를 즐기며 사는 사람들이, 즉 물질만능주의에서 벗어난 사람들이 우리들 주위에 점점 늘어가고 있는 것은 반가운 일이다. 즉 사람답게 사는 사람들이 늘어나고 있는 것이다. 남자가 그렇게 되고 안 되고는 그 아내 손에 달려있다. 그러니까 아내가 먼저 물질만능주의 철학을 탈피해야 하는 것이다.

# 이혼할까
# 사별(死別)할까
# 고민되시나요?

## 이혼하고 싶을 때 보아야 될 프로는 미드 'CSI'

얼마나 많은 부부가 이혼을 생각하며 사는가? 이혼을 생각하며 사는 부부의 숫자에 비하면 실제 이혼하는 부부는, 비율상으로 보아 불과 얼마 안 되는지도 모른다.

결혼하고 3−5년 사이에 부부 싸움 끝에 대놓고 이혼하자 소리 안 한 사람은 배냇병신이란 소리까지 있으니…….

물론 50년 넘는 결혼생활에 단 한 번도 아내에게 이혼하자 소리 안 한 필자처럼 무던한 남편도 있지만……. 그러나 고민해야 한다. 성격차이 이혼이건, 남편의 불륜 때문 이혼이건, 이혼 사유야 어떻든 헤어지면 거기서 모든 것이 끝나지 않고 거기서 새로이 시작되는 더 큰, 더 어려운 문제가 있으니…….

이혼하고 싶을 때는, 꼭 미드 'CSI'를 보면서 마음을 달랬으면 한다.

언제 보아도 재미가 보장된다는 미국 드라마 'CSI'는 범죄의 배경이나 드라마의 진행 과정, 또는 수사 기법은 물론이고 스토리텔링에 있어서도 그 인기가 보통이 아니다. 세계 최고 수사 드라마라는 별명이 무색하지 않다. 사건과 연결된 가정 문제에 이르러서는 어지간한 전문 컨설팅 프로그램이 도저히 따라오지 못할 수준에 이르렀다.

세계 최고의, 그것도 일찌감치 이혼공화국이 되어버린 미국은 이혼에서 오는 사회문제만 해도 교육이나 세금 문제만큼 심각하다고 말한 사회심리학자도 있었을 지경.

'CSI'는 범죄와 연관된 부분에 국한해서 보더라도 이혼에 대해서는 매우 부정적이다. 'CSI'의 주인공인 수사관연구원들 가운데도 이혼한 사람이 적지 않지만, 이혼한 남자나 이혼한 여자들이 사건과 얽히는 구도가 많아 보인다.


## 왜 'CSI'에 나오는 이혼부부의 애들은 범죄와 연관될까?

물론 'CSI'는 이혼을 대수롭지 않게 여기는 일면도 있다. 즉 이혼한 수사관들 자신이, 이혼이 사회에 미치는 파장을 심각히 여기면서도 자신들의 이혼은 가볍게, 또는 뾰족한 다른 방법이 없었다고 생각하는 듯.

심각한 것은 이혼한 당사자도 당사자이려니와 이혼한 남자나 이혼한 여자의 아이들이 범죄나 사건과 깊은 관계가 있다는 점이다.

'CSI 라스베가스'나 'CSI 뉴욕'이나 'CSI 마이애미'나 마찬가지다. CSI 드라마에서, 어린 나이에 상상도 할 수 없는 범죄에 연루된 사람의 대부분이 부모가 이혼한 집의 아들딸이었다. 부모가 이혼한 아이들이 100% 범죄를 저지르거나 범죄에 가담하는 것은 아니지만 사건에 관계된 아이들가해자이건 피해자이건의 대부분이 이혼한 가정의 아이들이라는 점이다.

'CSI' 드라마 속의 살인, 강도, 마약, 납치 등에 얽힌 미성년자의 대부분이 이혼한 가정의 아이들이라는 점은 무엇을 말함인가?

이혼한 당사자보다 죄 없는 아들딸들이 더 아파하고, 인생이 평탄치 않다는 점은 생각도 않고 이혼랭킹 세계 1-2위가 무슨 자랑이나 되는지…….

때로는 이혼이 사별보다 더 큰 아픔과 후유증을 당사자들에게 안겨 준다는 것을 'CSI'가 증명하는 셈이다.

거기까지는 그렇다 치더라도 이혼한 당사자보다 그 아들딸들이 겪는 고통과 아픔에 대해서 조금만, 아니 아주 많이 사려 깊은 통찰이 있다면 이혼은 훨씬 망설여야 될 테마로 떠오를 것이다.

일반적으로 부모가 사별死別한 집 아이들보다 부모가 이혼한 집 아이들이 잘못되는 경우가 많음을 경고하듯 보여주는 것은 'CSI'만은 아니다.

## 이혼의 증오와 사별의 진정성

도처에서 이혼한 가정의 아이들이 겪는 괴로움과 그 괴로움의 진전 과정에서 생기는 부작용에 대해 이제 우리도 심각한 고민을 해야 할 때다. 이혼 랭킹 세계 1위니 2위니 하는 우리나라에서 이혼 없이 사는 사람이, 그래도 아직은 더 많다.

우리는 부부가 서로 헤어지고 싶어 할 때 이혼을 할까, 사별을 할까를 진짜로 심각하게 생각하는 부모가 되어야 한다.

몇 년 전 서울시 교육감으로 출마한 모 후보가, 자신의 딸이 보낸 이메일로 크게 곤욕을 겪고 낙마한 경우가 있었다.

"내 아버지가 대도시의 교육을 맡는 책임자가 되어서는 안 된다. 내 아버지는 자기 자식 하나도 돌볼 줄 모르는 사람이다. 그런 사람에게 대도시의 교육 관련 책임을 맡길 수 없다."라는 이메일이 언론에 보도되면서 큰 파문을 일으켰던 사건을 지금도 기억하는 사람이 많을 것이다.

꼭 그 사건이 있어서가 아니라 진실로 한 번 결혼한 사람들은 여러 가지 이유로 해서 부부간의 문제가 생겼을 때 이혼을 할 것인가, 사별을 할 것인가를 진지하게 고민해야 한다. 그럴 때 고민 안 할 사람은 없겠지만, 그래도 더 많이, 자기중심적인 고민이 아니라, 아들 딸 중심의 고민도 해 보아야 한다.

결론부터 말하라면 이혼이 사별보다 본인이나 주변 사람들에게 더 괴로운 것이 될 수도 있다. 그렇다면 성급하게 "당신 아니라도 얼마든지!!" 하며 이혼으로 가지 말고, "죽으나 사나 나는 아시다시피 오로지 당신!!"을 외치며, 우리 다 함께 이혼을 참자.

부부간의 사별은, 그 가슴 맺히는 영원한 이별은, 욕설을 주고받고 헤어지는 이혼하고 어떻게 다른가? 사별은 가슴으로 눈물 흘리며 헤어질 수 있는, 그래서 한 사람은 남아 떠난 사람을 위해 울어 줄 수 있는……

사별을 택하는 것이 우리들 유한한 인생에서 훨씬 덜 드라마틱할지는 몰라도, 훨씬 가슴 따뜻하고 로맨틱하지 않은가?

# 부부간 말투에는 반드시 슈가를 좀 쳐야 한다

**이혼은 끔찍한 사건이 있어야 되는 건 아니다**

"비난하는 말투는 곰 쓸개처럼 쓰고, 사랑하는 말투는 설탕 뿌린 입술처럼 감미롭다!"

낭만주의 시대 영국의 어느 무명 시인이 노래한 입술을 주제로 한 시詩의 한 구절이다.

인간관계는 말투 하나로 깨지기도 하고 찰떡궁합이 되기도 한다. 남편과 아내는 서로 입술에 슈가를 묻힌 다음에야 입술을 교환하리라는 감미로운 각오를 하라.

가는 말이 고와야 오는 말이 곱다를 아는가? 인생은 그러니까 가는 말과 오는 말의 필feel에서 결정된다. 말하자면 우리 인생은 말투로 결정된다.

부부도 마찬가지다.

혀에 가시가 박힌 사람들은 독한 소리를 잘 한다. 부드럽게 해도 될 말을 팍! 긁는 소리를 해서 상대의 마음에 상처를 남긴다.

말투가 구순하지 않은 것이다. 그런 사람은 행복할까? 불행할까를 묻지 말라. 그걸 물어보아야 안다면 바보니까.

'구순하다'는 순 우리말을 아는가? 구순하다 함은 부드럽게 잘 지낸다는 것을 의미한다. 구순하지 않은 가정, 지지고 볶고 싸우고 미워하고 원망하고 잔소리 하고 그런 가정에서 자란 사람은 어른이 되면 자신도 모르게 그렇게 된다.

지금 당장 부부 사이를 위해서도 그렇고 자라는 아이들의 미래를 위해서도 집안은 구순해야 한다.

이혼은 무슨 큰 사건에서 시작되는 것이 아니다. 하찮은 일에 입술 한 번 잘못 놀리는 것이 화근이 되어 이혼이라는 극한상황까지 간다. 즉 말투에서 이혼 오고 말투에서 스윗 홈 생긴다.

입술을 악무는 모습으로, 뭔가 벼르듯이 남편과 대화하지 말라. 남편 역시 마음속으로라도 입술 악무는 마음이 되어 아내를 대하지 말라.

아니 입술이 웃지 않을 때는 남편과 아내는 아예 맞서지 말라. 얼굴에 웃음이 살아난 다음에 아내와 대화하라. 말투를 부드럽게 하려면 입술과 얼굴이 협조해야 된다.

남편과 대화할 때 복장 지르는 말투만 골라서 쓰는 아내도 있다. 아내와 얘기할 때 아내의 인격을 싹 깔아뭉개는 말투만 쓰는 남편도 있다.

입술에 슈가 묻힌 듯이 달콤한 말투를…….

남편이라면 아내의 입술을 읽을 줄 알아야 한다. 아내의 입술이 'Kiss Me'의 의미를 띄우고 있는데, 눈치 없는 남편은 전혀 관심이 없는 경우를 상상해 보자.

다시 말하면 아내의 마음이, 아내의 말에 나타난 아내의 마음이 어떤 것인지, 그것도 모르고 눈치 없이 굴 때 아내의 말투는 저절로 거칠어질 것이다.

그 반대의 경우, 즉 아내가 남편의 마음을 못 읽는 경우도 마찬가지다.

말투가 가정평화의 시작이고 인류평화의 기본이다. 삶은 말투에서 시작된다. 성경에도 그랬다. 태초에 말씀이 있었느니라고. 말 한 마디로 천 냥 빚도 갚는다는 속담을 우습게 여기지 말라.

불교에서 말하는 10대 죄악 중 4개가 입으로 짓는 죄다.

> **망어중죄**妄語衆罪=거짓말한 무거운 죄,
> **기어중죄**綺語重罪=아첨했던 무거운 죄,
> **양설중죄**兩舌重罪=이간질한 무거운 죄,
> **악구중죄**惡口衆罪=악담했던 무거운 죄.

불교의 10대 중죄라 함은 기독교의 10계명하고 비슷한, 하면 안 되는 일을 말하는데, 그 가운데 입으로 지은 죄가 4가지, 즉 40%,

즉 입만 잘 관리하면, 인간으로서 짓는 죄의 40%는 면하고 살 수 있다는 얘기다.

입의 인생에 영향을 끼치는 비중이 그렇게 크다.


## 감미로운 각오와, 감미로운 입술

실제로 말 한마디로 해결되는 일이 얼마든지 있다. 말 한마디로 천 냥 빚을 갚는다는 우리나라 속담은 한마디 말의, 주고받는 말투의 위대성을 상징한다.

말투를 부드럽게 하려면 마음을 부드럽게 가져야 한다. 얼굴 표정을 부드럽게 가지면 말투도 부드러워진다. 즉 얼굴에 웃음을 띠우면 마음이 부드러워지고 마음이 부드러워지면 말투는 저절로 구순해진다.

구순! 구순을 구순口順이라 써도 의미는 통한다. 입을 순하게 가지라는 뜻이다. 구순하려면 순한 말투만 써야 된다. 구순은 가정 평화를 지킨다. 구순은 이혼도 예방한다. 구순이 바로 가정평화 유지의 지름길이다.

물론 입으로는 가시 같은 소리를 하면서도 마음은 여려서, 독한 소리와 반대로 눈물 잘 흘리는 사람도 있긴 있다.

입술에 달착지근한 슈가를 묻히고 다가오는 입술을 맞이하듯이, 마음도 그렇게 달콤해야 한다. 그러면 말투는 저절로 구순하게 된다.

아내가 본심은 그렇지 않은데 말투가 톡톡 쏘는, 즉 바늘 같은 말투라면 남편이여, 키스를 자주 해주어야 한다. 키스를 많이 받는 아내는, 장담한다, 말투가 구순한 아내로 확 변한다.

반대로 남편의 말투가 철조망 가시 같으면 아내가 자주 자주 키스를 해주면 된다. 남편과 아내는 서로 입술에 슈가를 묻힌 다음에야 입술을 주고받는다는 감미로운 각오를 하라.

'감미로운 각오'라는 말을 남편과 아내는 영원히 기억하라. 그 감미로운 각오는 감미로운 말투에서 온다.

부부간에도
스토리텔링 마케팅을

## 스토리텔링과 愛테크는 어떻게 다른가?

스토리텔링 마케팅은 21세기에 가장 효과가 크고, 예술 감각도 높은 고급마케팅이다. 그래서 스토리텔링 마케팅은 문화마케팅이다. 스토리텔링 마케팅이 부부 사이에서 완성되면 아주 수준 높은 愛테크가 된다. 스토리텔링 마케팅은 그래서 더욱 고급스런 마케팅이다.

고객을 최고로 잘 모셔야 된다는 것을 아는 사람도, 그래서 스토리텔링을 잘 안다는 사람도, 자기 아내나 남편을 고객처럼 최고로 모시지 않는다. 부부가 서로를 최고의 고객 이상으로만 모신다면 스토리텔링 마케팅은 부부 사이에서 愛테크로 완성된다.

사자의 으르렁거리는 소리를 들은 일이 있는가? TV 프로 '내셔널 지오그래피'에서 서로 으르렁거리는 사자들을 보았을 것이다. 스토리텔링도 마케팅도 愛테크도 모르는 사자가 암컷 앞에서 으르렁댄다. 그것이 사자들의 스토리텔링이다.

이럴 때 스토리텔링은 그래서 예술의 단계까지 승격된다. 스토리텔링은 그래서 대화의 예술이 되는 것이다. 같은 장소 같은 시간 같은 팩트 앞에 한 사람은 '이게 뭐지?' 하고 의문부호를 보내고 한 사람은 '아, 이거? 난 알아!' 하고 느낌표를 보낸다면 이 두 사람은 스토리텔링도 愛테크도 잘 안 되고 있는 것이다.


## 스토리텔링 마케팅……. 가장 쉽기는 칭찬에서 시작하는 것

N사장 부부가 서먹서먹해졌다. 더운 여름, 불쾌지수는 높고 남편 N사장은 연일 일에 시달리고 해외 출장 잦고 그러다 보니 부인에게 소홀했고 마침내 어느 날 아침 둘이 와장창 부딪쳤다.

부인은 '내 얼굴 다시는 볼 생각 말아요' 하고는 가출했다.

한국의 아내, 가출해 봤자 갈 곳은 친정뿐이고 친정에선 환영 못 받고……. 말하자면 이제 등 돌린 부부가 됐다. 그 부인의 전화를 받고 나는 무슨 일이 있구나 짐작은 했다.

필자가 그 부인을 만나서 권한 것은 부부생활에서의 스토리텔링이었다. 우선 대화를 시도하라는 것이었다. 이튿날엔 남편을 소주 한 잔 하자고 따로 만나서 역시 아내와의 관계에서, 대화의 스토리텔링 기법을 권했다.

두 사람은 모두 처음에는, 세상에 부부간에 무슨 얼어 죽을 스토리텔링이고 무슨 마케팅이냐고 의아해했다. 필자는 그동안 스토리텔링 기법으로 성공한 부부간의 위기 해결 사례를 몇 가지 들려주었다. 또한 이건 그냥 스토리텔링 마케팅이 아니라 '스토리텔링 愛테크'라고 알려 주었다.

그리고 가을이 되기 전에 N사장과 그 부인으로부터 자신들의 부부 문제를 잘 컨설팅 해주어 고맙다는 인사를 받았다. 그들의 '스토리텔링 愛테크'는 이렇다.


남편이 먼저 시작했다. 아내에게 와인 한 잔 하자는 프러포즈로 시작되었다. 둘이 잘 가던 호텔에서 저녁 먹으며 와인 한 잔 하고 나서, 싫다는 아내를 사정사정해서 룸으로 데려가 사랑을 불태웠다. 그리고 아내에게 한마디 던진 것이다. 스토리텔링 愛테크 개념도 모르는 남편이 말이다.

"우리 누나 있잖아? 누나가 나더러 당신 얘기 하더라. 내가 만난 여자 중에 인물이나 마음이 당신만 한 여자가 없다고 말야……."

제삼자인 누이를 내세운 간접 스토리텔링. 제삼자의 말을 인용하는 것을 '인용 마케팅'이라고도 한다.

그러자 부인도 한마디 했다.

"열두 명이 모이는 내 여고 친구 모임 당신도 알죠? 이달 모임에서 남편들 얘기가 나왔는데, 모두들 당신이 뭐 제일 젠틀하다나 어쩐다나……. 걔들이 사람을 잘못 본 건지……."

## 부부간 스토리텔링의 스토리는 얼마든지 있다.

부부의 스토리텔링 마케팅은 여기서 愛테크의 최고 점수인 해피 엔딩으로 막을 내렸다. 두 사람 다 물론 콘텐츠도 모르고 브랜드도 모르고 마케팅도 모르고, 스토리텔링 학과 출신도 아닌데 말이다.

부부간 스토리텔링 마케팅의 목적은 물론 愛테크다. 부부 사이에도 스토리텔링을 하면 사랑의 마케팅이 이루어질까, 라고 묻기 전에 실제로 한 번 해 볼 만한 일이다.

스토리텔링이라면 그 '스토리'라는 단어 때문에 어려워하거나 소설가나 시나리오 작가만 하는 것으로 생각하고, 스토리 그거 아무나 만드는 거 아니잖아요? 하기가 일쑤다. 그러나 겁낼 필요 없다.

누구나 할 수 있는 것이 스토리텔링. '스토리텔링 5가지 요소'니, '스토리텔링의 3가지 효과'니 하는 스토리텔링 책 한 권 안 읽고도 가능한 일이다. 왜냐하면 부부생활에는 어렵고 까다로운 마케팅 이론이 적용되는 것은 아니니까…….

스토리텔링은 우선 감정이입을 해야 된다. 감정 없이는 스토리텔링도 마케팅도 없다. 더구나 愛테크는 어림도 없다. 스토리텔링에서는 과거와 연결하는 스토리도 힘을 받는다. 주변 환경이나 주변 인물과의 연결에서도 스토리를 찾을 수 있다.

물론 사람을 연결하는 스토리텔링이 가장 많이 활용된다. 사건과 연결시키는 것도 훌륭한 스토리텔링의 소재가 된다. 무엇보다 현재의 자기 상대와 연결시킬 대상을 찾는 것, 즉 연결 센스만 있으면 더욱 좋다.

스토리텔링은 장점을, 그 필요성을 지적하고 나서야 시작되는 마케팅이다. 부부간에 상대가 원하는 것을 알고 미리 해주는 사람이라면 이미 스토리텔링 마케팅을 실천하고 있는 것이다.

"나는 당신을 안고 싶고, 당신에게 키스하고 싶고, 키스 또 하고 싶고 진짜 당신을 꼬옥 껴안는 거……. 그 네 가지면 오케이거든."

내가 원하는 것을 상대가 잘 모르는 것 같을 때 가르쳐 주는 것도 스토리텔링이다.

# 기저귀 선생과
# 페미니스트 대통령

## 설거지 남편과 기저귀 남편

지난 6월 어느 토요일, 퇴근 후 더워서 바람도 쏘일 겸 한강 둔치에 우연히 나갔다가 어린 것의 기저귀 채워주는 젊은 아빠를 만났다.

"기저귀 잘 갈아 주시네. 기저귀 소질 있으셔!"

대견해서 던지는 필자의 농담에 그는 웃었다.

"어젯밤에 아내와 싸웠어요. 아내가 아침에 화내고 나가 버렸어요. 그래서 내가 할 수 없이……."

하지만 기저귀를 갈아주는 그의 솜씨는 서투르지 않았다.

"아, 평소에도 제가 자주 갈아주긴 했어요."

그러는 그의 모습이 비록 아내는 화를 내고 혼자 외출<sup>이 경우 가출이</sup> <sub>라고 볼 수는 없다</sub>했다지만 측은해 보이기는커녕 한없이 멋져 보였다. 기저귀 채우는 거 어떻게 배웠느냐고 물었더니 그는 씩 웃었다.

"결혼 전에요, 필요할 땐 내가 아이들 기저귀도 채우겠다고 약속했거든요."

그 얘기를 듣고 그의 누님이 기저귀 채우는 법을 가르쳐 주었다고 한다.

한강둔치에서 만난 '기저귀 선생'은 부부 싸움 끝에 아내는 횡하니 나가버렸다지만 꼬마의 기저귀를 바꿔주며 행복해 보였다. 그런데 현재 이 글을 읽고 있는 기혼 남성 독자 가운데 기저귀를 갈아 채울 줄 아는, 아니 모르는 남편이 얼마나 될까?

사실 21세기가 오기 전까지는 이런 얘기를 하면, "남편이 기저귀를? 이게 어따 대고 하는 소리야?" 하고 버럭 소리를 지르는 남성이 많았다. 남편들에게 기저귀가 아니라, 부엌에 들어가서 설거지 좀 하라는 필자의 '아내 사랑' 방송을 듣고 생난리를 친 남편이 하나둘이 아니었다. 깊은 밤중에 우리 집으로 전화해서 항의하고, 방송국에 전화나 투서로 항의하는 등…….

## 살벌하기까지 했던 대한민국 남편들

7080년대 얘기다. 그러나 그 후 많이 변해 한강 둔치 기저귀 선생도 만나게 됐다. 시대가 변한 것인지 남편이 변한 것인지 아빠가 변한 것인지.

아빠의 육아법을 강습 받으라. 기저귀 채울 줄도 모르는 젊은 아빠가 대한민국엔 부지기수다.

기저귀 채우는 법 배워가지고 결혼하라. 미국에는 결혼을 앞둔 예비신랑에게 남편이 할 수 있는 가사노동을 가르치는 교육기관도 있고, 기저귀에 관한 교육을 지방자치단체가 하는 도시도 있다. 기저귀와 친한 남자가 멋진 남자라는 조크도 있다.

우리나라에도 결혼 전 남성들에게 아빠 노릇 잘하는 법 가르치는 데가 생겼다. 기저귀 채우는 법을 배우기 전에는 결혼할 생각 말라. 기저귀 채우는 것은 오직 여자가 할 일이라고 생각하거든 아예 결혼하지 말라.

이왕 결혼했으면 성공한 결혼으로 결론 내야 한다. 결혼은 남편 노릇만 잘한다고 성공하는 것은 아니다. 아빠 노릇도 잘해야 결혼이 성공하는 것이다.


## 페미니스트 대통령과 기저귀 선생

한강 둔치에서 만난 기저귀 선생에게 필자가 물었다.

"만약 부인께서 밖에서 일하는 워킹맘이라면 어떡할 건데?"

그러자 씨익 웃는 기저귀 선생.

"원래 워킹맘이었어요. 그런데 아기 낳고 3개월 만에 출근했더니 회사에서 더 쉬라고 그러더래요. '우리 회사 그런 회사인 줄 몰랐느냐?' 그러더래요. 요즘 와이프는 계속 회사와 다투고 있거든요. 그래서 신경이 날카로워 가지고……."

알 만했다.

워킹맘이 있는 대한민국 가정의 반 이상이 이런 고민에 휩싸여 있다. 이제 페미니스트 대통령이 나섰으니 그런 일은 앞으로 점점 줄어들겠지만, 회사 설립 이래 59년 동안 '결혼한 여직원을 회사에 남겨둔 적이 없다.'는 술 만드는 회사도 있다.

'복지비용이 더 들고, 효율성이 떨어진다'는 이유에서 결혼하고 출산을 하면 무조건 퇴사시키는 회사에 다니는 워킹맘들은 안팎으로 피곤하다.

회사에선 기혼 여사원이라고 눈치 주는 것 같고, 나가기만 기다리는 것 같고, 집에 오면 남편이라는 사나이는 기저귀 하나도 못 갈아주는 경우가 허다하지 않은가?

지난 3월, 통계청의 조사 결과, 전업주부 수가 2년 연속으로 감소했다고 한다. 다시 말하면 일하는 여성이 늘고 있다는 통계다. 일하는 여성이 늘고 있는 것은 경제적 이유뿐 아니라 자아실현 등을 포함한 이상적인 의미를 생각한다면 긍정적인 신호라 할 수 있다.

전업주부가 워킹맘이 되는 것은 물론 좋은 일이다. 돈을 번다는 이유도 있지만 여성의 사회참여, 여성의 자아실현의 입장에서 보아도, 전업주부가 줄어들고 있다는 것은 환영할 만한 일이다.

하지만 전업주부가 호구지책으로 시간제 일자리라도 찾아 헤매야 하는 세상이라면 이야기가 좀 다른 것 아닐까? 전업주부의 취업, 워킹맘의 일·가정 양립의 문제 등, 이제 우리는 문재인 페미니스트 대통령에게 기대해야 한다.

마음 착해 보이는 기저귀 선생이 어디에선가 걸려오는 전화를 받더니 씨익 웃는다.

"애기 엄마예요. 날 더운데 애기 햇볕 너무 쏘이게 하지 말고 들어오래요. 집에 들어와 있네요."

"내가 소주 한 잔 살까?"

진짜로 그러고 싶어서 물었는데, 그는 고맙지만 아내가 기다린다면서, 기분 좋아서 죽겠다는 표정으로 유모차를 밀기 시작했다.

# 남편······. 돈보다 더 좋은 남편 되는 10가지 지혜

## 돈만도 못한 인생으로 추락한 50대 남편들

대한민국 50대 퇴직한 남편의 위상이 말이 아니게 됐다. 남편 위상이 어느 정도로 말이 아니게 되었느냐 하면 〈돈만도 못한 인생〉으로 추락했다. 그러나 한탄만 한다고 될 일은 아니다. 길을 찾아야 한다.

남편 50대면 한참 나이다. 다시 시작하자.

"다시 시작하다니, 뭘?!"이라고 버럭거리지 말고 50대 남편의 위기 돌파를 위해서만이 아니고 아예 젊어서부터, 돈만도 못한 남편 되지 않는 특급 지혜, 특급 아이디어를 찾아보자.

여기 제시하는 열 가지만 달달 외우고 실천하라. 돈만도 못한 남편 되었다고, 결혼반지 빼고 이혼 서두르느니보다 지금부터 이 특급 지혜 달달 외우는 것이 남편 몸에 훨씬 이로울 테니까!

A는 황당한 일을 당했다.

그의 부인이 그에게, 남편의 다른 말을 아느냐고 물었다. 그래서 지아비 부夫자 아니냐면서 다른 말로는, 남편 부, 지아비 부, 부군……. 그랬더니 아내가 "응, 그거 남편의 높임말? 그거 말고."

"그거 말고?"

A의 의아해하는 표정 앞에 아내는 놀리는 듯한 말투로 입을 연다.

"응, 남편의 다른 말은 '돈보다 못한 존재'야!"

그러면서 깔깔 웃는 것이었다.

A는 피가 거꾸로 솟는 기분이었다고 한다.

남편의 다른 말이라면, 남편 한자 夫, 남편 영어 husband인데 A의 아내가 말한 '돈만도 못한 남편'이라니, 아무리 마음 좋은 남편도 피가 거꾸로!

부부간에 이런 대화를 주고받았다는 자체가 A에겐 모욕이었다.


## 아내는 왜 남편보다 돈을 꼽았을까?

그럴 만도 했다. 작년인가, KDB대우증권 미래설계연구소가 50세 이상, 예금 잔액 1,000만 원 이상의 고객 980명을 대상으로 '노후에 필요한 것'이라는 주제로 설문조사를 했는데 그 결과가, 남성 입장에서 보면 황당했고 여성 입장에서 보면 '황당은 무슨! 당연지사 가지고!' 하는 식이 되어버렸다.

남녀 공히 노후에 필요한 것 1위는 건강이었다. 거기까지는 문제가 없는데 노후에 필요한 것 2위에 이르러 패가 갈렸다. 남편은 노후에 필요한 것 두 번째로, 즉 건강 다음으로 배우자를 꼽았다. 그런데 그런 남편을 아내가 거들떠보지도 않은 형국이 돼버렸다. 즉 아내는 배우자가 아니라 돈을 택했다. 이쯤 되면, 측은한 50대 퇴직 남편 사랑에 속고 돈에 울고가 아니라, 늙어서 울고 아내에 속고가 돼버린 격이다.

그런데 더욱 재미있는 것은 아내가 남편에게 바라는 것 1위가, 생뚱맞게도 '청소'였다. 여기에 이르면 필자는 웃음부터 나온다. 바로 여기에 해답이 있기 때문이다.

왜냐하면 필자가 70년대부터 신문, 잡지, 방송을 통해 강력히 목청을 높인 '아내를 사랑하라'가 명중한 기분이었기 때문이다. 청소는 '아내를 사랑하라' 愛테크의 중요 항목이다.

즉 필자는 이미 그때부터 아내를 위한 남편의 '愛테크'라는 용어를 발명해 냈고 '남편이여, 앞치마를 두르고 부엌에 들어가라'고 수도 없이 외쳤다. 그래서 이 나라 남편들에게 '부엌에 들어가서 설거지를 하라고 외친 단군 이래 최초의 남자'라는 별명도 들었다.

愛테크 덕분에 필자가 아내 사랑 대변인, 아줌마 대변인, 마누라 대변인 이런 별명을 얻어 가진 것도 그때였는데, 그 별명들은 솔직히 싫지 않은 별명이었다. 만약 이 나라 남편들이 필자의 충고대로 진심으로 아내를 사랑하고, 진즉에 부엌에 자주 출입해서 아내를 돕기 시작했다면, '돈보다 남편'이라는, 뒤늦은 위상 추락에 한숨 짓지는 않았을 것이다.

## 노후에 아내에게 가장 필요한 존재로 남기

그러나 지금도 늦지 않다. 지금이라도 노후에 가장 필요한 존재로, 아내가 남편이라고 자신 있게 외칠 수 있도록 행동양식을 바꾸면 된다. 아내로부터 '돈보다는 내 당신!!' 소리를 듣기 위한 방안 몇 가지.

아니 그럴 수 있게 국면 전환용 통빡 남편의 지혜.

아래의 10가지 중에서 자기 적성에 맞는 것으로 5가지 이상 채택해서 매일 실천하기 바란다. 그렇게만 하면 아내가 '노후에 가장 필요한 것'으로 반드시 남편을 선택할 것임을 필자가 장담한다. 단, 아래의 10가지 가운데 5가지 이상을 금년 연말까지 끊임없이 실천해야 한다. 그것만 마음먹고 실천하면 왕년의 남편 지위 100% 다 찾을 순 없을지 모르지만 '노후에 필요한 건 돈보다 남편' 소리는 들을 수 있을 것이다.

'남편보다 돈'에서, '돈보다 남편'으로의 지위 격상을 위한, 실천 가능 10가지 지혜.

1. 하루 5번 이상 아내 칭찬하기.

2. 주 3회 이상 부엌 설거지.

3. 진공청소기, 세탁기 담당 자청하기.

4. 주 1회 이상 동반 외출.

5. 친구들과 요리 배우는 클럽 만들기.

6. 아내와 함께 노래 배우러 다니기.

7. 잠자리에 들기 전에 아내에게 세족 서비스, 마사지 서비스 하기.

8. 아침에 일어나자마자 아내 포옹하기.

9. 자녀들 다 모아놓고 아내 자랑하기. "아버진 장가를 잘 가서 말이야!"

10. 당신 만난 것이 내 인생 최고의 행운이라고, 월 1회 이상 떠들고
    아내에게 주 1회씩 문자 보내기.

# 대한민국에서 1% 남편 되는 비결

## 부엌 서비스 잘하는 남편이 1% 남편이라는 결론

1% 남편 아무나 되는 건 아니다. 재벌만큼 돈이 많아서 매달 아내에게 수천만 원씩 갖다 준다고 그가 1% 남편 된다는 보장은 없다. 회사 경영을 잘해서 자선기금으로 수억 원을 내놓는다고 그가 1% 남편 된다는 보장도 없다. 즉 돈이 억수로 많다고 해서 1% 남편이 되지는 않는다.

그렇다고 하루 24시간 아내와 함께 있다고 해서 1% 남편이 된다면 실직 남편, 은퇴 남편은 모두 1% 남편인가?

명예가 하늘을 찌를 듯해서, 그 이름만 대면 모르는 사람이 없는 그런 유명한 남편이라고 해도 1% 남편이 되지는 않는다.

이도 저도 아니라면 무엇으로 1% 남편이 되나?

간단하다.

1% 남편이 되려면 우선 부엌 출입을 자주 해야 한다. 그리고 부엌 출입을 자주 하려면 아무래도……

한마디로 결론을 말하라고 한다면, 1% 남편이 되기 위해선 우선 요리를 배워야 한다. 1% 남편 되는 것이 그렇게 쉬우냐고 묻는 남편이 있다면 그는 1% 남편 될 자격이 있는 남편이다.

필자의 생각만 그런 것이 아니라 많은 요리연구가들은 물론이고, 정신의학자나 대학의 가정학과 교수들도 필자가 1% 남편의 제1조는 "부엌 출입이 잦아야 한다"고 역설하면 모두 찬성한다.

물론 개중에는 '재미있어요' 하며 깔깔 웃는 분들도 없지는 않다. 물론 그 깔깔은 1% 남편에 대한 필자의 생각을 지지한다는 의미의 깔깔이다.


## 시간과 공간을 아내와 함께하는 1% 남편

요리를 배운 남자는 요리를 하는 동안 물론 아내를 생각한다. 거기서부터 물론 1% 남편은 시작되고 있다. 아내에게 칭찬받고 싶어 한다. 아내에게 맛있는 요리를 서비스하고 싶어 한다.

요리를 준비하는 동안, 레시피를 궁리하고 재료를 준비하고… 요리에는 그만큼 아내를 생각하는 시간이 많이 든다는 얘기다. 다시 말하면 아내 생각하는 시간이, 요리 모르는 남편보다 엄청 많이 든다.

그래서 1% 남편이다. 사랑이란 둘이서 시간과 공간을 함께함을 말한다. 그런데 이 나라 남편 가운데 현재 요리를 배운 남편은 1%

도 안 되리라는 추산이다. 그러니까 빨리 요리를 배워 1% 남편 안에 들라고 하는 것이 권고사항이다.

1% 남편은 부엌에서 나온다.

필자는 70~90년대부터 '남편이여, 앞치마를 두르고 부엌에 들어가라!'를 밥 먹듯이 외쳐온 사람이다. 별명이 그래서 아내 사랑 대변인이 되었다. 뿐만 아니라 '우리나라에서 단군 이래 남편들에게 부엌에 들어가라고 외친 최초의 남자라는 기록의 소유자'라고 일간지에 소개되기도 했다.

그러나 그때엔 지금만큼 요리를 배울 데도 없었고 남자가 부엌에 들어가면 뭐 떨어진다는 시대였다. 필자는 그때부터 1% 남편의 조건을 여러 가지 생각했는데 가장 빠르고 효과 만점의 1% 남편은 역시 부엌에서 나온다는 소신을 버린 적이 없다.

## 1% 남편의 요리와 Cooking Communication

다행히 최근에는 여기저기 남편 요리교실이 꽤 많이 생겼다. 필자가 그 1기생으로 요리를 공부하고 자격증을 취득한 곳은 '행복한 남자들의 요리교실<sup>이하 '행남요'라 부르기로 함</sup>'이다.

같이 행남요 요리교실에서 공부한 사람 가운데는 금융감독원, 국민대통합위원회<sup>박근혜가 만든 건데 지금은 없어진 것 같다</sup>, 딜로이트 안진회계법인, TBS방송국, 보험회사, 자동차 관련 회사 등 많은 기업체의 다양한 분야의 임원급 인사들이 있었으며 성실하게 1% 남편 되기에 참여해 왔다.

요리를 배운 그 1% 남편의 아내들이 행복해하는 것은 물론이다. 요리를 배우면 아내들의 행복만이 생기는 게 아니다. 가정의 사랑과 평화 유지와 자녀교육에 있어 1% 남편이 되게 한 요리사 자격증의 효과는 말로는 표현이 안 될 정도다.

1% 남편들은 이구동성으로 외치고 있다.

"남자다운 남자는 요리를 배운다. 이 세상에 요리 배우는 것 이상으로 남자다운 일은 없다."고 외치고 있다.

또한 아내가 요리를 해줄 땐 맛이 있네 없네, 갖은 소리 다 했지만 스스로 요리를 해보니, 맛을 낸다는 것이 얼마나 힘든지, 아내의 힘든 일상을 이해하게 되었다니, 결국 요리가 1% 남편 철들게 하는 묘약이기도 하다.


행남요의 한희원 교수는 2011년부터 '행남요'를 기획하여 진행하고 있는데, 그냥 요리연구가가 아니라 가정문제와 사회문제를 요리로 풀어보자는, 즉 Cooking Communication을 꿈꾸는 좀 특이한 요리전문가이다. 요리로 우리 시대 대한민국의 문제를 풀어보자는 야심찬 사회문제 해결사이기도 하다.

그래서 한 교수의 평소 지향하는 이론과 '요리 배운 남편이 1% 남편'이라는 필자의 생각이 맞아 떨어져, 행남요에 입학했던 것이다. 한 교수는 소통이 필요한 시대에, 즐겁고 행복한 소통의 장을 만들어 내고자 '행남요'를 기획했고 스케일을 키워 계속 진행해 나가려고 한다.

# 문희준이 두말 말고 설거지를 배워야 하는 이유

## 요리와 설거지는 21세기 남편의 패스워드다

채널A는 지난 5월 24일 '아빠본색'에서 문희준의 센티멘탈리즘(?)을 방송했다. 임신한 아내 소율의 가사노동에 대한 문희준의 안타까움을 다룬 방송이었다. 얼마 전 만삭인 아내 소율의 설거지 현장을 생중계(?) 하면서였다.

문희준의 아내이며 크레용팝 멤버인 소율은 지난 5월 12일에 출산했다. 그러니 방송에 나온 문희준의 '얼마 전'이라고 말한 그 시기라면 소율이 출산하기 직전, 그러니까 만삭인 상황이라고 보아 틀림이 없겠다.

"아내가 머리를 양 갈래로 땋고 부엌에서 일을 하고 있길래 '왜 갑자기 머리를 땋고 있냐'고 했더니……. 저를 쳐다보지는 않으면서

'나 걸그룹이야'라면서 설거지를 하는데……. 순간 가슴에 뭐가 확 왔어요. 가슴으로."

그러니까 문희준의 얘기는, 아내 소율, 걸그룹 소율이 만삭임에도 설거지하는 것이 안타까웠다는 것으로 풀이된다.

그러나 SNS가 그 방송을 보고 그냥 있지 않았다. 팔뚝 걷고 나서 싸움 하듯이 말 거는 것이 대한민국의 SNS이긴 하지만 이번에도 예외는 아니었다.

"문희준 방송 나와서 착한 척만 다 하고 진짜 어린 나이에 임신하고 설거지하고 몸 변화에 적응 못 해서 힘들어하는 아내 알고 있으면 눈물 닦지 말고 가서 접시나 닦어!"

## "나 걸그룹이야!"는 안타까운 자기 존재의 확인

우리나라 여성들은 결혼 후, 부엌에 들어가 가사노동을 하는 순간부터 "인제 내 인생 부엌때기로 전락한 거 아냐?"라고 생각할 수도 있다. 아니 그렇게 생각해 왔고, 가사 독박, 육아 독박을 하면서 실제로 그렇게 전락해 온 것도 사실이다.

꼭 소율이 그렇다는 뜻은 아니지만, 무대에 서면 공주 대접, 여왕 대접 받는 소율이, 더구나 만삭의 몸으로 설거지를 하면서, "나 걸그룹이야!" 외치는 것은 일종의 자기존재 확인일 수도 있다.

문희준에게 보내는, 아니 시비 걸고 욕하는, 그러니까 소율을 편드는 SNS 가운데 하나만 더 인용한다.

"문희준 진짜 답 없다……. 어쩌냐……. 원래부터 보수적인 사람인 건 알고 있었지만 만삭인 아내한테 어떻게 설거지를……. 아내 설거지하는 모습에 눈물이 핑 돌 게 아니라 네가 설거지를 해야지."

소율을 사랑하는 젊은 팬들의 안타까움이 눈에 선하다.

무대의 여왕 소율이 만삭의 몸으로 설거지를 했다.

설거지를 하면서, "나 걸그룹이야!"를 외쳤대서, 그 남편 문희준을 향하여 다짜고짜로 육두문자를 날린 SNS들의 뜨거운 팬심을 문희준은 절대로 서운해 말라.

오히려 감사해야 될 일 아닌가?


## 설거지를 시작하는 순간 여성의 지위는 거의 굴러떨어지던 시대

지금은 그런 시대는 아니지만, 70, 80, 90년대까지만 해도, 설거지는 '여성의 운명', 또는 '여성의 귀결' 심하게는 '여성의 종점'까지로 인식되기도 했다. 설거지는 결혼한 여성의 상징이었고, 빼놓을 수 없는 일과였고, 아니 거의 운명 수준이 되어 있었다.

어려서 좋은 가정에 태어나 금지옥엽처럼 자라면서 손에 물 한 방울 안 묻히고 자랐다는 것을 자랑하는 여성들도 있었다. 아니 그 시대에는 여성이 설거지 안 하는 것은 자랑거리가 될 수도 있었다.

그러나 아무리 공주 같은 소녀시절을 보낸 여성이라도, 그가 대학원을 나왔건 박사학위를 땄건 그런 건 전혀 상관 없다.

그녀가 부엌에 들어가 설거지를 하는 순간부터 '아줌마의 운명'이 시작된다고 믿는 시대를 우리가 살아왔다. 아무도 그 문제에 대해서 이의를 제기하지 않았다.

그래서 설거지는 여성의 신분하락으로까지 취급되었다. 이 점이 바로 후진국 증상 중에도 대표적 증상이었다.


## 요리를 배워 방송에 나와 요리 만드는 문희준을 보고 싶다

그런 시대를 향하여 필자는 일종의 결투신청을 했다.

"아내를 사랑하라!" 외친 것이다. 70년대부터였다.

결투신청을 하듯, 아니 차라리 혁명선언이었다.

"대한민국의 페미니즘은 김재원의 '여원'에서 시작되었다."고 말하는 사람들은, '남편이여 앞치마를 두르고 부엌에 들어가라!'가 바로 혁명선언 제1조였다고까지 말한다.

'아내를 사랑하라'가 우리나라 페미니즘 선언 1호라고 말하는 전직 여기자와 며칠 전 커피를 마시며 문희준과 소율 얘기를 주고받았다. 그래서 문희준에게 '아무 말 말고 요리를 배우라'고 권하게 된 것이다.

사실 필자는 방송을 통해서나, '아내를 사랑하라'의 여성지 '여원'을 통해서나 남편들에게 부엌에 들어가라고 수도 없이 권했다. 아니 그 시대에는 권했다기보다 외쳤다고 해야 옳다. 80년대부터 지금까지, "남편이라면 할 줄 아는 메뉴가 10가지는 있어야 한다."고도 외쳤고, "요리는 21세기 남편의 자격증이고 라이선스고 패스워드다."라고 인터넷을 통해서 외치고 있다.

문희준은 그러나 이번 문제에 너무 의기소침하지 말라.

출산한 아내를 위해 설거지는 물론이고 요리를 배우라.

20여 가지 정도 레시피를 익히고, 썩 자신 있는 레시피 하나를 들고 나와 요리 만드는 방송도 하라.

그리고 어린 아내 소율을 끝없이 사랑하라. 아내를 위해 설거지는 반반씩 나눠서 하면 어떤가? 이 기회에 '대한민국 아내 사랑 1등 남편' 한 번 돼보라.

문희준은 나이도 지긋한 점잖은 신랑이다. 산전수전 다 겪었고 모르는 것 없이 알 것 다 아는 신랑 아닌가? 어린 신랑이 아니다.

점잖게 부엌에 들어가 설거지하라. 아내를 위한다면 설거지 아니라 더한 것도 할 수 있어야 한다. 어린 아내, 가녀린 아내, 가수 아내를 가사 독박 씌우면 안 된다.

# 여자가 으뜸인 시대다.
# 그래서 '女元'이다

## 특권층들이 이 나라 페미니즘을 방해하고 있다

이제 여자가 으뜸女元인 시대를 불러오려 한다. 노르웨이, 덴마크, 핀란드를 비롯한 유럽 선진국에서 시작된 이 물결을, 대한민국은 모른 체하고 있지만, 세상은 이미 여자가 으뜸인 시대에 깊이 진입했다.

이 나라는 여성이 으뜸이기는커녕 소위 힘 있는 자들이, 전·현직 권력기관의 고위직들이, 숨겨 놓은 자식이 있거나, 성 접대를 받거나, 성희롱 사건의 어처구니없는 주인공으로 등장하면서 여자가 으뜸인 시대의 도래를 방해하고 있다.

아직도 여성 알기를 우습게 아는 풍조가, 슬프지만 이 나라 고위층들의 머릿속과 가슴속에 깊이 자리 잡고 있음을 우리는 안다. 그래서 여원은 '여자가女가 으뜸元'임을 외치면서 그런 지도층과, 그런 시대 정신과 맞짱 뜰 각오로 인터넷 신문 '女元뉴스'를 세상에 내보냈다.

어느 권력기관도 여성의 인권에 관심이 없던 시절, 여원은 거의 결투를 신청하는 기분으로, 거의 혁명하는 마음으로 여성옹호에 나섰다. 그리고 이제는 '女元'⋯⋯. 여자가 으뜸이다를 외치며 다시 한번 일어나는 '여원'의 새 이름이다.

'아내를 사랑하라' 칠언절구의 여성지 '여원'은 70~90년대 이 나라 여성들, 눌려 사는 이 나라 여성들에게 메시아 역할을 했다.

우리나라 현대사를 통틀어 '아내를 사랑하라'처럼 과감하고 선언적이고 투쟁적인 선언은 별로 없다. 그래서 '아내를 사랑하라'는, 거의 우리나라 페미니즘 선언 1호라고 보는 견해가 대두되기도 했다.

그 이전에는 비슷한 것도 없었다.

신문, 잡지, 방송 어느 미디어도 여성의 인권에 대해 무관심하던 시절, 입법·사법·행정 어느 권력기관도 결혼한 여성의 인권을 쳐다보지도 않던 시절, 여원은 '아내를 사랑하라'는 칠언절구를 들고, 남자만이 지배하는 나라에 착륙했다. 페미니즘 운동의 시작이었다.

여성이 으뜸인 시대를 앞당기기 위해서 결투를 신청하듯이, 혁명하는 기분으로 여성옹호에 앞장섰다.


## 가정폭력 남편이 무죄를 보장받던 시대에

그렇다. 그것은 확실히 결투 신청이었다. 그것은 확실히 혁명이었다.

잔잔한 물결에 돌을 던져도 엄청나게 큰 별 하나를 통째로 던진 격, 아니 매달 나오는 '여원'은, 매달 폭탄을 터뜨리는 격이었다. 여자가 으뜸인 시대를 이룩하기 위해서는 결투 이상이 필요함을 '여원'은 일찌감치 알고 있었다.

남편이 아내에게 손찌검을 해서 뼈가 부러지거나 이빨이 부러져도, 친고죄라 해서 아내가 직접 남편을 고소하지 않는 한 아내에 대한 남편의 폭력은 완전무죄를 원천적으로 보장받은 사회였다. 고소를 하고 싶어도, 고소하는 순간 이혼이 성립되는 것이 무서워서 참고 살던 아내들의 시대.

'여원'은 그 시대의 남심男心과 맞짱 뜨기를 했다. 아니 남심으로 상징되는 권력과도 맞짱 뜨기를 한 것이다. 여성이 으뜸인 시대를 위한 맞짱 뜨기였다. 그 시대, 남성위주의 사회에 '여원'은 "아내를 사랑하라"고 맞섰다.

서초동 경부고속도로 바로 옆 사옥 상단에 "아내를 사랑하라"는 게시물을 내걸어, 매스컴으로부터 '시대의 어둠을 밝히는 칠언절구'라는 과분한 찬사를 듣기도 했다.

그리고 "아내를 사랑하라"와 함께 전개한 '매 맞는 아내를 위한 캠페인'은 거의 남편 고발 프로젝트에 가까운 맞짱 뜨기 시리즈였다. 여자가 으뜸인 시대를 창출하려는 '여원'의 과감한 시도였다. 그 시대 여성들의 환호 속에 여원은 승승장구하는 여성지였다. 창의적이고 도전적인 여성지로서 잡지계의 정상에 섰다.

여자가 으뜸임을 그 시대에 이미 꿰뚫고 있었다. 표지 모델을 눕혀서 촬영하는 등의 파격적인 편집 스타일은, 전 세계 여성지 가운데 '여원'뿐이었다고 세상은 알고 있다.

## 세계에 유례없이 남편이 사다주는 여성지

표지 모델을 눕혀서 촬영하는 등 전 세계 여성지 가운데 누구도 흉내 내지 못할 창조적 차별화의 매체 '여원'은, 위에서 언급한 "아내를 사랑하라", '매 맞는 아내를 위한 캠페인' 등으로 한 시대의 중심을 겨냥하는 여권운동을 벌여왔다.

그러나 단순한 이슈 메이커로서가 아니라 아내들에게는 "남편을 성공시키라"고 동기유발함으로써 전 세계 여성지 가운데 유례가 없이 '남편이 사다주는 여성지'가 되었다. 여자가 으뜸인 시대를 만들려는 의도를 시대가 알아주어서다.

그 '여원'이 다시 이 나라 여성들을 위해 인터넷에서 런칭되었다. 저출산 문제, 사교육비 문제, 경력 단절 여성의 문제, 그러면서도 여성인구의 남성인구 추월 등 여초女超시대의 추세는 여자가 으뜸인 시대를 전제로 하고 있음에도, 이 나라는 아직도 여성을 하대下待하는 못난 남자들만의 리그가 이어진다.

전 세계가 친여성 정책을 취하고 있음에도, 그리고 저출산 문제가 전쟁 문제보다 심각함에도, 아직도 남성 위주로 흐르는 세상을 그대로 방관할 수 없는 여원이 '女元'이라는 제호로 인터넷에서 목소리를 내기 시작하는 것이다.

참으로 우리는 '여자가 으뜸인 세상'女元에 사는가?

아직은 아니다. 진실로 여자가 으뜸인 세상을 이제 만들어 가려는 것이다. '女元뉴스'가 진실로 여자가 으뜸인 세상을 위하여 앞으로 나선 이상 이 나라는 진짜 '여자가 으뜸인 세상'으로 바뀔 것임을 확

신한다.

 여자가 으뜸인 세상을 만들려는 '여원'의 각오는 女元으로 변신을 시도한 데서도 볼 수 있다. 70, 80, 90년대부터 시작된 여원의 '여원'의 '여자가 으뜸인 문화운동'은 새로운 페미니즘 운동으로 더욱 강하게 전개될 것이다.

# 삶의 무게에 주저앉으려는 모든 분들께
# 행복한 에너지가 팡팡팡 샘솟으시기를 기원드립니다!

권선복
도서출판 행복에너지 대표이사
영상고등학교 운영위원장

　우리는 살면서 주저앉고 싶은 순간들을 하루에도 여러 번 마주합니다. 가정, 직장, 사회……. 그 어느 것 하나 우리를 가만히 놓아두지 않습니다. 때로는 상처를 안겨주기도 하고 시련을 안겨주기도 하는 모든 것들은 우리를 수도 없이 주저앉히곤 합니다. 그럴 때마다 우리는 좌절하고, 또 다리에 힘이 풀려 주저앉아 버리는 경우가 많습니다.

『주저앉지 마세요』는 주저앉고 싶은 상황에 맞닥뜨린 우리에게 희망을 주는 책입니다. 주저앉기 쉬운 직장인, 건강, 또 여성<sup>아내</sup>에 초점을 맞추어 여러 가지 사례를 통해 주저앉지 않는 방법을 알려줍니다.

특히 여성잡지 '여원'의 발행인이었고 지금은 여원뉴스 회장인 저자의 페미니즘에 대한 생각을 엿볼 수 있어 더더욱 즐거움을 줍니다. 또한 딱딱한 느낌의 글이 아니라 호감을 주는 유쾌한 글로 독자들의 눈을 뗄 수 없게 만듭니다. 공감할 수 있는 사례나 지인들의 이야기, 또 대중들의 흥미를 자극하는 연예인 이야기 등을 적절하게 섞어 읽는 이들에게 즐거움을 줍니다.

갈수록 사회가 각박해지고, 정情이 희미해져 가는 분위기가 만연합니다. 이런 사회 모습이 우리를 더 쉽게 주저앉히려고 하는지도 모릅니다. 그렇기에 저자는 더더욱 '주저앉지 말라'고 말합니다.

아직 당장 눈앞에 보이는 무언가가 없더라도 주저앉지 않고 꾸준히 걸어가다 보면, 어느 날 우리도 당당하게 '주저앉지 말라'고 말할 수 있는 날이 올 것입니다. 현실의 무게를 이기지 못해 주저앉으려는 모든 분들에게 삶에 행복과 긍정의 에너지가 팡팡팡 샘솟으시기를 기원드립니다.

하루 5분 나를 바꾸는 긍정훈련
# 행복에너지

'긍정훈련' 당신의 삶을
행복으로 인도할
최고의, 최후의 '멘토'

'행복에너지
권선복 대표이사'가 전하는
행복과 긍정의 에너지,
그 삶의 이야기!

**권선복**
도서출판 행복에너지 대표
영상고등학교 운영위원장
대통령직속 지역발전위원회
문화복지 전문위원
새마을문고 서울시 강서구 회장
전) 팔팔컴퓨터 전산학원장
전) 강서구의회(도시건설위원장)
아주대학교 공공정책대학원 졸업
충남 논산 출생

인터파크
자기계발 분야 주간
베스트 1위

권선복 지음 | 15,000원

책『하루 5분, 나를 바꾸는 긍정훈련 - 행복에너지』는 '긍정훈련' 과정을 통해 삶을 업그레이드하고 행복을 찾아 나설 것을 독자에게 독려한다.
긍정훈련 과정은 [예행연습] [워밍업] [실전] [강화] [숨고르기] [마무리] 등 총 6단계로 나뉘어 각 단계별 사례를 바탕으로 독자 스스로가 느끼고 배운 것을 직접 실천할 수 있게 하는 데 그 목적을 두고 있다.
그동안 우리가 숱하게 '긍정하는 방법'에 대해 배워왔으면서도 정작 삶에 적용시키지 못했던 것은, 머리로만 이해하고 실천으로는 옮기지 않았기 때문이다. 이제 삶을 행복하고 아름답게 가꿀 긍정과의 여정, 그 시작을 책과 함께해 보자.

## 『하루 5분, 나를 바꾸는 긍정훈련 - 행복에너지』